Meine kleine Hundekunde

# Beliebte Hunderassen
## von A–Z

D1717854

# Die 44 beliebtesten Hunderassen

## Hier stellen wir Ihnen die Hunderassen vor, denen man hierzulande am häufigsten begegnet, zeigen ihre Herkunft, ihr Aussehen und ihre Charaktereigenschaften

Mehr als 400 weltweit anerkannte Hunderassen gibt es. Sie alle wurden für eine bestimmte Aufgabe gezüchtet: zum Ziehen schwerer Lasten, als Wächter für Haus und Hof, als Begleiter und Helfer bei der Jagd, zum Hüten und Verteidigen der Herden. Aber auch als Rattenbekämpfer in den Ställen, Spielgefährten der Kinder und treue Schatten edler Damen.

Heute stellen wir ganz andere Ansprüche an unsere Hunde. Sie sollen vor allem eines sein: verträglich gegenüber Mensch und Tier, gelassen und ruhig auch im dichtesten Straßenverkehr, lieb zu allen Kindern. Der Hund von heute soll brav an der Leine gehen, ohne zu ziehen, im dichtesten Großstadtgetümmel die Nerven behalten, Jogger und Radfahrer ignorieren und keinesfalls kläffen.

Im Gegenzug gibt's für den Hund von heute ein Dach über dem Kopf inmitten der Familie, ausreichend gutes und gesundes Futter und Begegnungen mit seinesgleichen auf der Hundewiese. Alles keine Selbstverständlichkeit bei den Hunden in den vorigen Jahrhunderten.

Die Anforderungen an den Hund von heute kann im Prinzip fast jeder Hund erfüllen. Doch

Auf Entdeckungstour in der Wohnung

der eine braucht länger dazu, der andere passt sich sofort an. Je nach Rassegeschichte gibt es notorische Dickköpfe und Seelchen, die schon bei einem lauten Ton zusammenzucken. So manche Rasse hat noch viel Jagdleidenschaft in sich, andere können das Buddeln nicht lassen, wieder andere verteidigen kompromisslos die Ihren.

## Welcher Hund passt zu Ihnen?

Bei der Entscheidung für eine ideale Rasse haben Sie viel Auswahl. Und doch wieder nicht. Denn neben den Genen der Hunde spielen auch Ihre Lebensumstände eine große Rolle. Nicht alle Hunde können auch in der kleinen Stadtwohnung glücklich werden, nicht jeder ist per se ein Anfängerhund, manche Rassen erfordern viel aufwendige Pflege, andere wollen stundenlangen Auslauf. Doch der „Deckel" auf dem „Topf" findet sich für jeden.
In diesem Buch stellen wir Ihnen die 44 beliebtesten Rassen vor. Sie erfahren, welches Wesen

diese Hunde haben, was Ihnen bei Erziehung, Haltung und Pflege abverlangt wird und auch, woher die Hunde kommen, wofür sie gezüchtet wurden. Wenn Sie unter den Rassen, die genau zu Ihrem Leben passen, dann noch einen finden, der Ihnen auch optisch gefällt, steht einer jahrelangen Freundschaft nichts im Wege.

## Wo finden Sie Ihren Wunschhund?

Sie haben sich für eine Rasse entschieden, die ganze Familie ist damit einverstanden und die Haltungsbedingungen passen auch? Dann geht's auf die Suche nach dem Wunschhund. Angebote gibt es wahrlich genug. Über Kleinanzeigen in den Tageszeitungen, Anzeigenblättern und Fachzeitschriften werden zahllose Rassewelpen und auch erwachsene Hunde aus zweiter Hand vor-

Aus so einem niedlichen Welpen wird bald ein kräftiger Hund.

Ein Speziallesegerät zeigt die Chipnummer.

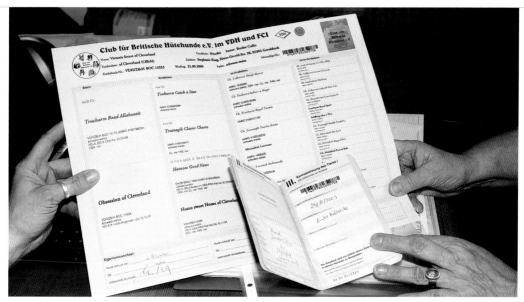

Ein guter Züchter gibt dem neuen Halter die Ahnentafel und den Haustierpass des Welpen mit.

gestellt. Im Internet bieten Züchter und Privatleute ihre Hunde in Marktportalen und eigenen Internetauftritten an. Und überdies haben auch die Rassevereine Züchteradressen und wissen, wer gerade einen Wurf Welpen hat.

## Hände weg von Schnäppchenangeboten!

Was sofort jedem auffällt, sind die unterschiedlichen Preise, die von 300 Euro und weniger bis hin zu 2000 Euro reichen können. Klar ist man da versucht, ein Schnäppchen zu bekommen. Doch bevor Sie dieser Versuchung erliegen, bedenken Sie:

? Ein Hund lebt mindestens zehn Jahre mit Ihnen. Damit Sie von Anfang an Freude mit ihm haben (und er mit Ihnen), sollte er ein freundliches Wesen haben und eine eigene Persönlichkeit zeigen.

? Sie wollen doch einen gesunden Hund und keinen, der von Anfang an den Tierarzt häufiger sieht als seine neue Welt.

? Sie suchen einen Hund, der bereits das Wichtigste für sein zukünftiges Leben gelernt hat: den engen Anschluss an Menschen und die Hundesprache.

Eine Garantie für all das gibt es nicht. Aber Sie können vorbeugen, denn viele Schnäppchenangebote

? stammen aus Importen von Welpen, die viel zu früh von der Mutter getrennt wurden und nicht einmal ihre Grundimpfungen haben.

? wurden in Hinterhöfen, Kellern oder Ställen gezüchtet und kennen oft nicht einmal das Tageslicht, geschweige denn freundliche Menschen.

? haben von den Eltern Krankheiten oder die Veranlagung dazu geerbt und werden mit hoher Wahrscheinlichkeit bald chronisch krank sein.

? sind verwurmt oder voller Parasiten, die ihr Immunsystem schwächen und sofort einer langwierigen Behandlung bedürfen.

? haben durch minderwertiges Futter chronischen Durchfall und Wachstumsstörungen.

Alle diese Risiken gehen Sie bei einem Schnäppchenkauf ein und zahlen wahrscheinlich sehr viel Geld, um die Mängel zu beheben. Denn Sie haben zwar ein Rückgaberecht, doch wer bringt es schon übers Herz, ein krankes Hundebaby dorthin zurückzugeben, wo es sich all seine Leiden geholt hat.

7

# Die Hunderassen

**Die folgenden 44 Hunderassen stehen seit Jahrzehnten ganz oben in der Gunst von Hundefreunden. Sie sind alphabetisch geordnet und nicht nach dem Rang in der Beliebtheits-Skala.**

## 1. Australian Shepherd

Max. Größe: 58 cm
Max. Gewicht: 28 kg
Ursprung: USA
Lebenserwartung: 13–15 Jahre

### Herkunft

Vermutlich brachten baskische Schafhirten, die zu Beginn des 19. Jahrhunderts über Australien nach Amerika einwanderten, ihre Hütehunde mit. Dort erhielt die Rasse dann ihre Bezeichnung Australian Shepherd. Die Hunde machten auf den riesigen Ranches in Nord-, Mittel-, vor allem aber Südamerika eine steile Karriere und sind bis heute die häufigsten Mitarbeiter der Cowboys und Gauchos.

### Charakter

Der Australian Shepherd ist ein intelligenter Arbeitshund mit ausgeprägtem Hüte- und Bewachungsinstinkt, der mit Ausdauer den ganzen Tag über arbeiten kann. Er ist – sofern er arbeitsmäßig ausgelastet ist – ausgeglichen und gutmütig, selten streitsüchtig. Die Aussies, wie ihre Freunde sie nennen, haben ein sehr lebhaftes Temperament, sind blitzschnell in ihren Reaktionen und äußerst sprungbegabt. An ihre Menschen binden sie sich stark, Fremden gegenüber sind sie eher reserviert. Auch andere Hunde ignorieren sie meistens.

### Haltung

Der Australian Shepherd braucht intensive körperliche und ebenso starke geistige Auslastung. Wenn er sich langweilt, kann er zu wachsam und rastlos werden. Ein Ausgleich zwischen Ruhe und Bewegung ist sehr wichtig, damit der Hund nicht zu hektisch wird. Weil er sehr schnell und gründlich lernt, lässt er sich leicht erziehen. Diese Rasse ist geeignet für Menschen, die sehr viel Zeit haben und diese auch mit ihrem Hund verbringen wollen. Wegen der immensen Bewegungsfreude ist er kein Hund für die Großstadt. Die Fellpflege ist wenig anspruchsvoll, das lange Fell sollte ein- bis zweimal pro Woche gut durchgebürstet werden.

Die Jagdleidenschaft der Beagles zeigt sich, wenn sie Witterung aufgenommen haben.

## 2. Beagle

Max. Größe: 40 cm
Max. Gewicht: 18 kg
Ursprung: Großbritannien
Lebenserwartung: 12–15 Jahre

### Herkunft

Der Beagle ist ein Jagdhund, der ursprünglich in England als lauffreudiger Meutehund speziell für die selbstständige Treibjagd gezüchtet wurde. Unter seinen Vorfahren waren vermutlich französische Laufhunde. Schon im 17. Jahrhundert wurden die kleinen Tiere, die in eine Satteltasche passten, in der Meute auf Jagden mitgeführt. Bis heute hat sich ihre hervorragende Nase, dank der sie stundenlang auch alten Wildspuren folgen können, erhalten. Wegen seiner Friedfertigkeit gegenüber Artgenossen und Menschen galt und gilt der Beagle (leider) als idealer Versuchshund.

### Charakter

Der Beagle ist ein fröhlicher, lebhafter Hund, ohne Anzeichen von Angriffslust oder Ängst-lichkeit. Die Meutehund-Vergangenheit prägt seinen Charakter. Die soziale Orientierung ist die Grundlage für die hervorragende Eignung dieser Rasse als Familienhund, denn er ist von einer fast grenzenlosen Kinderfreundlichkeit. Seine Jagdleidenschaft hat er sich allerdings bis heute erhalten.

### Haltung

Neben einem engen Familienanschluss braucht der sehr selbstständige, sture Beagle eine konsequente Erziehung von Anfang an; sein Wille, den Seinen zu gefallen, ist dabei legendär. Der Jagdpassion sollten die Halter von Anfang an mit Konsequenz und viel Ersatzbewegung (Suchspiele) entgegenwirken. Gelingt das nicht, muss der Beagle überall da, wo sich Wild aufhält, an der Leine bleiben. Mit Artgenossen sind Beagles extrem gut verträglich und können deshalb auch als Zweithunde oder zu zweit gehalten werden. Menschen begegnen sie freundlich, als Wächter sind sie ungeeignet. Das Fell braucht kaum Pflege, einmal ausbürsten pro Woche reicht aus.

Als ehemalige Meutehunde suchen Beagles immer Gesellschaft, nicht nur von ihresgleichen.

Der Jagdhund ist ein extrem friedlicher Vierbeiner.

# 3. Bearded Collie

**Max. Größe:** 56 cm
**Max. Gewicht:** 28 kg
**Ursprung:** Großbritannien
**Lebenserwartung:** 14–15 Jahre

## Herkunft

Wahrscheinlich kamen die ersten dem Collie ähnlichen Hunde mit Schafen, die auf dem Festland gekauft wurden, auf die Britischen Inseln. Der Bearded Collie (bärtiger Collie) entwickelte sich im windreichen, kühlen Hochland, wo wendige, schnelle, wachsame und wetterfeste Hütehunde gebraucht wurden, die sowohl die Herden umkreisten als auch Diebe und Raubtiere vertrieben.

## Charakter

Der Beardie ist ein aktiver Hund, sehr aufmerksam, bewegungsfreudig und intelligent. Er lernt schnell und leicht, deshalb ist seine Erziehung nicht schwer. Er ist allerdings äußerst sensibel und kann auf Lärm und Hektik nervös reagieren. Bearded Collies sind sehr selbstbewusst und wissen um ihre Kraft, Wendigkeit und Ausdauer. Im Umgang mit anderen Hunden entscheidet die Sympathie, doch sie sind nicht aggressiv. Den eigenen Menschen gegenüber sind sie sehr anhänglich, Fremden begegnen sie dagegen zurückhaltend.

## Haltung

Der Beardie ist ein mittelgroßer Hund und braucht Menschen, die ihm körperlich gewachsen sind. Wegen seiner Sensibilität sucht er Sicherheit in festen Lebensregeln, die sein Mensch von Anfang an festlegen muss. Dank seiner Ausdauer und Lebhaftigkeit ist er ideal für sportliche Menschen, die viel wandern, Rad fahren oder Hundesport betreiben wollen. Kindern ist er ein temperamentvoller Spielgefährte, der jeden Unsinn begeistert mitmacht. Die Fellpflege ist anspruchsvoll, vor allem in der Fellwechselzeit muss die Unterwolle täglich herausgebürstet werden.

Dank des langen Haarkleides und der dicken Unterwolle sind Beardies Allwetterhunde.

Erst mit sechs Monaten verliert der Bearded Collie sein Jugendfell.

Briards sind ausdauernd und temperamentvoll. Sie brauchen viel Bewegung und Beschäftigung.

Ein Berger de Brie arbeitet gerne, schon die Jüngsten sind neugierig und lernbereit.

Als große starke Hunde brauchen Briards von Anfang an eine sehr konsequente Erziehung.

# 4. Berger de Brie (Briard)

Max. Größe: 68 cm
Max. Gewicht: 40 kg
Ursprung: Frankreich
Lebenserwartung: 10–12 Jahre

## Herkunft

In der Zeit der Wanderhirten hütete der Berger de Brie die Herden zuverlässig und selbstständig. Dem Klima der französischen Region Brie angepasst ist sein langes Fell, das nur wenig Unterwolle aufweist. Der Briard ist in seiner Heimat heute ein zuverlässiger Arbeitshund – auch bei der Polizei, beim Zoll und im Rettungsdienst.

## Charakter

Briards sind selbstbewusst mit sehr hoher Reizschwelle: Sie sind nicht so leicht aus der Fassung zu bringen. Das macht sie zu hervorragenden Familienhunden, denn ihre Geduld mit Kindern ist sprichwörtlich. Der französische Hirtenhund lernt gerne und gut, weil er hochintelligent ist. Trotzdem gestaltet sich die Erziehung nicht einfach, weil ein Briard oft selbstständig entscheidet und sich dann auch durchsetzen will. Mit anderen Hunden ist er verträglich, bei Menschen entscheidet die Sympathie. Die eigenen Leute begleitet er wie ein Schatten.

## Haltung

Schon aufgrund seiner Größe eignet sich der Briard nicht für die Großstadt. Er braucht die Weite, läuft gern und ausdauernd neben dem Fahrrad und möchte Daueranschluss an seine Familie. Lieber als Hundesport sind ihm abwechslungsreiche weite Wanderungen. Die Erziehung erfordert Fingerspitzengefühl und Konsequenz. Briards sind Spätentwickler, die oft erst mit drei Jahren wirklich erwachsen sind. Das Fell fordert nicht viel Pflege. Ein- bis zweimal pro Woche sollte es gebürstet werden. Briards lieben oft Wasser aller Art und wälzen sich auch gern in Pfützen – für Sauberkeitsfanatiker daher nicht geeignet.

Groß und wuchtig, aber nie massig ist der ideale Berner Sennenhund.

# 5. Berner Sennenhund

Max. Größe: 70 cm
Max. Gewicht: 50 kg
Ursprung: Schweiz
Lebenserwartung: 7–10 Jahre

## Herkunft

Der Berner Sennenhund ist ein Bauernhund, der in den Voralpengebieten und Teilen des Mittellandes in der Umgebung von Bern als Wach-, Zug- und Treibhund gehalten wurde. Er ist der einzige der vier Schweizer Sennenhunderassen (mit Appenzeller, Großer Schweizer, Entlebucher), der langhaarig ist.

## Charakter

Der Berner ist selbstbewusst, aufmerksam, wachsam und furchtlos in Alltagssituationen. Besonders gutmütig und anhänglich verhält er sich im Umgang mit vertrauten Personen. Fremden gegenüber ist er friedlich. Er ist allerdings ein verlässlicher Wächter und beschützt seine Familie. Berner Sennenhunde haben ein eher gemäßigtes Temperament, sind dafür ausdauernd. Sie lernen schnell, wenn ihnen Regeln einleuchten, zeigen aber durchaus auch eigenen Willen.

## Haltung

Logischerweise braucht der Berner Sennenhund Platz, das macht schon seine Statur deutlich. In der Stadtwohnung sind Berner Sennenhunde unglücklich und können zu lautstarken Meldern werden. Ein Berner braucht eine Familie, die viel miteinander unternimmt und sich auch aktiv mit ihm befasst. Die Erziehung ist nicht einfach, weil der Berner „mitdenkt" und Gehorsam um des Gehorsams willen nicht sein Ding ist. Berner Sennenhunde schätzen gemütliche lange Spaziergänge oder Wanderungen. Sportskanonen sind sie nicht. Ihre Gelassenheit und Souveränität macht sie zu guten Kinder-Kumpanen. Das Fell ist nicht schwer zu pflegen, gründliches Bürsten einmal pro Woche genügt.

Berner fühlen sich in jedem Gelände zu Hause und beweisen dort ihre erstaunliche Wendigkeit.

# 6. Border Collie

Max. Größe: 53 cm
Max. Gewicht: 20 kg
Ursprung: Großbritannien
Lebenserwartung: 13–16 Jahre

## Herkunft

Der Border Collie stammt von den mittelalterlichen britischen Hütehunden ab, die mit den Herden auf die Britischen Inseln gelangten, und wurde besonders in den Grenzgebieten zwischen Schottland und England, in den Border Counties, gezüchtet. Seine Besonderheit ist, dass er die Tiere der zu bewachenden Herde mit den Augen fixiert.

Mit aufmerksamem Blick fixiert der Border seine „Schäfchen".

## Charakter

Der Border Collie ist aufmerksam, klug und sehr aktiv. Er bewegt sich elegant, frei und mühelos. Sein Wesen ist liebenswürdig und liebenswert. Durch seine hohe Anpassungsfähigkeit ist er trotz seiner Agilität draußen im Haus ruhig. Seine Lernfreudigkeit, Leichtführigkeit und Begeisterung für die Arbeit machen ihn zu einem angenehmen Begleiter. Sein Augenausdruck, wenn er Tiere fixiert, ist gewöhnungsbedürftig und kann Uneingeweihten Angst einjagen. Doch Menschen gegenüber ist der Border durchweg freundlich.

## Haltung

Der Border Collie ist ein anspruchsvoller Hund, der von seinem menschlichen Partner praktische wie geistige Aufgaben erwartet und eine konsequente Führung beansprucht, denn in unverständigen Händen kann er hysterisches Fehlverhalten entwickeln und zum Tyrann seiner Umgebung werden. Wer immer sich für einen Border Collie entscheidet, sollte gut überlegen, ob er den Ansprüchen dieses Hundes gerecht werden kann. Das bedeutet vor allem: viel Zeit, viel Hunde-Verständnis und viel Konsequenz. Tägliche Auslastung allein reicht dem Border Collie nicht aus, er verlangt nach der Zusammenarbeit mit dem Menschen. Viel geistige Beschäftigung ist Voraussetzung zur Haltung dieser sehr lernfreudigen Tiere, weshalb der Halter von sich aus schon aktiv und sportlich sein sollte.

Border Collies sind hochintelligent und sehr schnell von Begriff.

Der kleine Cairn hat es faustdick hinter den Stehohren.

Eine Cairn-Mutter hat's nicht leicht: Die Kinder sind vorwitzig und frech und zeigen wenig Respekt.

# 7. Cairn Terrier

Max. Größe: 31 cm
Max. Gewicht: 7,5 kg
Ursprung: Großbritannien
Lebenserwartung: 13–15 Jahre

## Herkunft

Cairn Terrier wurden gezüchtet, um in den felsigen Regionen des schottischen Hochlands Jagd auf Füchse, Otter und Dachse zu machen. Äußerlich hat sich dieser „kernige" Terrier seit seiner Anerkennung nicht stark verändert.

## Charakter

Der Cairn Terrier ist mutig, selbstbewusst, entschlossen und aktiv. Er ist gewohnt, auch mal selbstständig zu entscheiden. So treu und anhänglich er seinen Menschen gegenüber ist, so selbstsicher gibt er sich draußen. Die kleinen Terrier sind wachsam und melden alles Ungewohnte. Bei der Erziehung zeigt sich durchaus auch mal ihre Dickköpfigkeit.

## Haltung

Wegen seiner geringen Größe kann der Cairn Terrier auch in der Wohnung gehalten werden, wenn er regelmäßigen Auslauf und viel Beschäftigung erhält. Die Erziehung ist nicht einfach, doch lohnt sich Konsequenz und Beharrlichkeit im ersten Lebensjahr, denn ein Cairn vergisst nie, was er einmal gelernt hat. Sturer Gehorsam ist ihm fremd, dem Halter wird deshalb einige Fantasie abgefordert, damit sein Hundepartner mitmacht.
Die Fellpflege ist wichtig: Cairn Terrier sollten viermal im Jahr vom Hundefriseur getrimmt werden.

# 8. Cavalier King Charles Spaniel

Max. Größe: 34 cm
Max. Gewicht: 8 kg
Ursprung: Großbritannien
Lebenserwartung: 9–14 Jahre

## Herkunft

Der Name des kleinen englischen Spaniels lässt sich auf König Charles I. und seinen Sohn Charles II. (1630-1685) zurückführen. Beide

**Der Cavalier King Charles Spaniel war früher Spielkamerad in Palästen.**

hatten immer mehrere Exemplare des kleinen charmanten Spaniels bei sich, und sogar im Parlament waren sie nie ohne deren Begleitung zu sehen. Auch bei den Damen war der Cavalier sehr beliebt. Er diente in den kalten Gemäuern der damaligen Zeit nicht selten als Wärmflasche und Tröster.

## Charakter

Der Cavalier King Charles Spaniel ist anhänglich, verschmust und zärtlich. In der Wohnung ist er sehr ruhig und kein Kläffer, lässt sich gern beschmusen und wickelt mit seinem Charme jeden Besucher um die Pfote. Er ist aber auch ein leidenschaftlicher Spaziergänger, der das Herumtollen mit Artgenossen genießt. Zu seinesgleichen ist der kleine Spaniel sehr sozial. Auch Menschen gegenüber zeigt er sich freundlich. Ein Rest von der Stöber- und Jagdfreude der Spaniels schlummert auch im Cavalier, doch lässt sich dies sehr gut kontrollieren.

## Haltung

Der Cavalier ist ein Hund, der zu allen Menschen passt: Er ist sogar in der kleinen Wohnung glücklich, wenn er seine Bewegungsfreude bei Spiel und Freilauf ausleben kann. Sportliche Menschen begleitet er beim Joggen, mit Kindern kann er unermüdlich spielen. Man kann ihn ebenso frei von der Leine laufen lassen, als ihn auch bei Fuß an der Leine führen. An seinen Menschen hängt er mit überschwänglicher Liebe, bezieht aber auch deren Freundeskreis mit ein. Cavaliere sind leicht zu erziehen und passen sich den Lebensumständen der Menschen von sich aus an. Sie sind auch für Senioren ideale Begleiter. Das Fell ist pflegeleicht, es braucht nur einmal pro Woche gut ausgebürstet zu werden. Cavaliere scheuen kein Wasser und schwimmen gern und gut.

Die Stupsnase ist ein charakteristisches Merkmal.

# 9. Chihuahua

**Max. Größe:** 20 cm
**Max. Gewicht:** 3 kg
**Ursprung:** Mexiko
**Lebenserwartung:** 10–18 Jahre

## Herkunft

Der Chihuahua gilt als der kleinste Rassehund der Welt und trägt den Namen der größten Provinz der Republik Mexiko (Chihuahua). Man nimmt an, dass diese Hunde dort früher in Freiheit lebten und zur Zeit der Zivilisation der Tolteken domestiziert wurden.

## Charakter

Der Chihuahua ist trotz seiner geringen Größe ein sehr selbstbewusster, mutiger Hund mit viel Temperament und Bewegungslust. Er fixiert sich sehr auf seine Bezugsperson und ist unendlich treu. Dabei lässt er sich mit leichter Hand erziehen, denn er ist lernfreudig und will gefallen. Er sollte von klein auf an (größere) Artgenossen herangeführt werden, weil er sich sonst allzu leicht überschätzt und bei Konfrontationen zwangsläufig den Kürzeren zieht. Fremden gegenüber sind die kleinen Hunde zurückhaltend und reagieren oft mit Kläffen und Schnappen, wenn unbekannte Personen zu aufdringlich werden.

## Haltung

Der Chihuahua ist ein Energiebündel, das nicht herumgetragen werden will. Er liebt Bewegung zu Füßen seiner Menschen, die er am liebsten überallhin begleiten würde. Dabei entwickelt der kleine Hund eine erstaunliche Ausdauer. Alleinsein mag der Chihuahua nicht, ein zweiter Chihuahua erleichtert ihm die Einsamkeit. Doch sollten die Zwerge nie länger als drei Stunden allein bleiben müssen. Chihuahuas gibt es kurz- und langhaarig, beider Fell ist pflegeleicht. Von sogenannten Mini-Chihuahuas ist abzuraten, weil sie gravierende gesundheitliche Störungen entwickeln.

Sie sind zwar winzig, aber blitzgescheit: Chihuahuas sind keine Handtaschenhunde.

Chihuahuas sind sportlich und aktiv.

Die klassische Ohrenstellung sind Kippohren.

Das Fell kann einfarbig, zweifarbig und dreifarbig sein. Immer ist es üppig am ganzen Körper.

## 10. Collie (Langhaar)

Max. Größe: 61 cm
Max. Gewicht: 29 kg
Ursprung: Schottland
Lebenserwartung: 14–16 Jahre

### Herkunft

Man nimmt an, dass sich die Rasse aus Hunden, die von den Römern mit nach Schottland gebracht und mit den einheimischen Hunden gepaart wurden, entwickelt hat.

Der langhaarige Collie ist eine etwas verfeinerte Version des ursprünglichen arbeitenden Collies der schottischen Schafhirten. Er tut auch heute noch als Arbeitscollie mit weniger Haarpracht Dienst. Die in Familien gehaltenen Collies sind nicht so sehr auf Leistung als vielmehr auf Schönheit gezüchtet.

### Charakter

Collies sind hochintelligent und lernwillig. Sie orientieren sich stark an ihren Menschen und wollen sich anpassen. Die Erziehung ist deshalb leicht. Nervosität und Aggressivität kennt ein Collie nicht, was ihn zum perfekten Hüte- aber auch Familienhund macht. Mit anderen Hunden und Kindern sind Collies entspannt und spielen gerne. Sie entwickeln ein gemäßigtes Temperament und sind im Haus ruhig und gelassen. Fremdes und Unbekanntes melden sie, doch sind sie keine Kläffer.

### Haltung

Collies erziehen sich nicht selbst, wie das durch die „Lassie"-Filme oft suggeriert wird. Sie wollen Regeln und einen strukturierten Alltag, dann sind sie angepasste, freundliche Begleiter, die für jede Aufgabe zu haben sind. Sie werden oft als Behindertenbegleithunde oder Blindenhunde eingesetzt, da sie sehr sanftmütig und einfühlsam sind. Den Hütetrieb sollte man nicht unterschätzen, die Hunde schützen und hüten gern, auch die Familie. Die Fellpflege ist aufwendig, da die Rasse dicke Unterwolle entwickelt und vor allem im Fellwechsel täglich gebürstet werden muss.

# 11. Dackel

Max. Größe: 30 cm
Max. Gewicht: 9 kg
Ursprung: Deutschland
Lebenserwartung: 14–17 Jahre

## Herkunft

Der Dachshund, auch Dackel oder Teckel genannt, ist seit dem Mittelalter bekannt. Aus Bracken wurden Hunde gezüchtet, die besonders für die Jagd unter der Erde geeignet waren. Aus diesen niederläufigen Hunden kristallierte sich der Dachshund heraus, der als eine der vielseitigsten Jagdgebrauchshunderassen anerkannt ist. Noch heute ist er häufig Begleiter der Jäger, hat sich aber auch als Familienhund etabliert.

## Charakter

Der Dackel ist selbstbewusst, mutig und eigenwillig. Im Dachs- und Fuchsbau braucht er diese Eigenschaften. Dort muss er auch selbstständig entscheiden. Seine ursprüngliche Arbeit zeigt sich auch an der Buddelfreudigkeit und dem Drang, in Luken und Löcher zu kriechen. Wegen seiner hohen Intelligenz und Einfühlungsgabe erkennt er Schwächen und Stärken anderer sehr schnell und neigt dazu, diese auszunützen.

## Haltung

Wer den Dackel nicht jagdlich hält, muss ihm die Möglichkeit geben, sich auszutoben und zu „arbeiten". Dackel wollen sich bewegen, graben, stöbern. Die Spaziergänge sollten deshalb strukturiert sein. Wegen des langen Rückens sind die Hunde nicht für Wohnungshaltung in oberen Etagen geeignet, weil sie nicht viele Treppen steigen sollten. Dackel gibt es in drei Größen, als Standard-Dackel, Zwerg-Dackel und Kaninchen-Dackel. Dazu kommen drei Fellvarianten: Kurzhaar, Langhaar und Rauhaar. Die Fellpflege ist bei allen nicht aufwendig. Die Erziehung ist nicht einfach und erfordert Geduld, Konsequenz und Hartnäckigkeit.

Bei Nichtjägern ist der Rauhaardackel die beliebteste Variante.

Der Langhaardackel hat besonders prächtig befederte Ohren.

Die große Nase verrät seine Passion: Aufspüren von Wild.

## 12. Dalmatiner

Max. Größe: 62 cm
Max. Gewicht: 32 kg
Ursprung: Kroatien
Lebenserwartung: 10–13 Jahre

### Herkunft

Die Herkunft des Dalmatiners ist bis heute un-
klar und lediglich auf Vermutungen gestützt.
Möglicherweise stammt der Hund ursprünglich
aus dem östlichen Mittelmeerraum rund um die
dalmatische Küste.

### Charakter

Dalmatiner sind ausdauernde Läufer mit einem
immer noch ausgeprägten Beschützer- und
Wächterinstinkt. Sie begleiteten früher Kut-
schen und bewachten diese, liefen aber auch
neben Herden und unterstützten die Hütehunde. Sie sind intelligent, selbstbewusst und
zeigen ab und zu Jagdpassion. Artgenossen und
Menschen gegenüber sind sie freundlich. An
die eigene Familie schließen sie sich stark an.

### Haltung

Der Dalmatiner ist ein Laufhund, im Haus
ruhig und im Freien temperamentvoll. Aus diesem Grund braucht er eine aktive Familie und
eine konsequente Erziehung ohne viel Druck.
Er ist ein guter Reitbegleithund und macht
auch jede Art von Hundesport bereitwillig mit.
Dalmatiner sind verfressen, der Halter muss
deshalb gut auf ihr Gewicht achten. Die Fellpflege ist einfach, einmal pro Woche bürsten
genügt.

Noch rennt der Kleine sehr unsicher, doch bald wird er mühelos neben Fahrrad oder Pferd herlaufen.

Das eng anliegende kurze Fell verrät jedes Pfund zuviel: Dalmatiner sind verfressen.

Anmut und Schönheit auf langen Beinen: Die Deutsche Dogge wirkt auch im Laufen elegant.

Doggen brauchen viel Platz. In einem großen Garten ruhen sie gerne und wachen dabei aufmerksam.

Im ersten Lebensjahr muss der Halter auf richtige Ernährung und das Maß der Bewegung achten.

# 13. Deutsche Dogge

Max. Größe: 90 cm
Max. Gewicht: 90 kg
Ursprung: Deutschland
Lebenserwartung: 6–8 Jahre

## Herkunft

Vorläufer der heutigen Deutschen Dogge waren wohl der alte Bullenbeißer sowie die Hatz- und Saurüden. Unter Dogge verstand man zunächst einen großen, starken Hund, der keiner bestimmten Rasse angehören musste. Später bezeichneten Namen wie Ulmer Dogge, Englische Dogge, Dänische Dogge, Hatzrüde, Saupacker und Große Dogge verschiedene Typen dieser Hunde, je nachdem welche Farbe und Größe sie hatten.

Vermutlich kreuzte man in Mastiffs Windhunde ein, um die gewünschte schlanke Körperform zu erhalten.

## Charakter

Die Deutsche Dogge ist freundlich, liebevoll und anhänglich gegenüber ihren Besitzern, Fremden gegenüber ist sie zurückhaltend. Sie ist ein selbstsicherer, unerschrockener, leichtführiger, gelehriger Begleit- und Familienhund mit einer hohen Reizschwelle, ohne aggressives Verhalten.

## Haltung

Die Dogge ist ein sehr sensibler Hund, der vollen Familienanschluss braucht. Und sie fordert Platz, um sich frei bewegen zu können. Sie ist deshalb für die Großstadtwohnung ungeeignet, auch deshalb, weil sie in ihrem ersten Lebensjahr keine und auch später nur selten Treppen steigen sollte. Die Aufzucht ist aufwendig, da der Welpe und Junghund nur in Maßen bewegt werden sollte. Doggen sind Spätentwickler und oft erst mit drei Jahren erwachsen. Die Erziehung muss wegen der Sensibilität der Tiere zwar konsequent, aber mit viel Fingerspitzengefühl erfolgen.

## 14. Deutscher Boxer

Max. Größe: 63 cm
Max. Gewicht: 32 kg
Ursprung: Deutschland
Lebenserwartung: 10–12 Jahre

### Herkunft

Als unmittelbarer Vorfahre des Deutschen Boxers gilt der Kleine bzw. Brabanter Bullenbeißer. Dessen Aufgabe war es, das von den Hetzhunden getriebene Wild zu packen und festzuhalten, bis der Jäger kam und die Beute erlegte. Für diese Aufgabe musste der Hund ein möglichst breites Maul mit breitem Zahnstand haben, um sich richtig festzubeißen und auch festzuhalten.

### Charakter

Der Boxer ist ein nervenstarker, schneidiger und lebhafter Hund. Er bewacht seine Bezugsperso-nen mutig und unerschrocken. Er hat einen besonderen Bezug zu Kindern, was ihn zu einem perfekten Familienhund macht. Aber er ist auch ein kräftiger Hund, der sich seiner Stärke wohl bewusst ist.

### Haltung

Der Boxer liebt Bewegung und ist ein ausdau-ernder Läufer. Zudem ist er auch ein guter Wächter und Beschützer. Für ein Leben in der Großstadt ist er daher nur bedingt geeignet. Im Haus ist der Boxer ruhig und souverän, in der Familie der absolute Schmuser. Doch wenn er sich draußen aufhält, geht er Provokationen nicht aus dem Weg, sondern stellt sich ihnen bereitwillig. Die Erziehung ist aus diesem Grund nicht leicht und erfordert viel Konse-quenz – auch nach dem ersten Jahr. Die Fell-pflege ist relativ einfach, einmal pro Woche gründlich bürsten genügt.

Schon früh erproben Boxer-Welpen ihre Kräfte in Spielen, bei denen es nicht immer sanft zugeht.

Boxer sind ausdauernde Läufer und temperamentvolle Begleiter, immer bereit zu einem Spiel.

# 15. Deutscher Schäferhund

Max. Größe: 65 cm
Max. Gewicht: 40 kg
Ursprung: Deutschland
Lebenserwartung: 9–13 Jahre

## Herkunft

Die Vorfahren des Schäferhundes sind Hütehunde, die Ende des 19. Jahrhunderts in ganz Europa vorkamen. Der Deutsche Schäferhund wurde ganz gezielt durch Kreuzungen dieser unterschiedlichen Hütehunde auf die optimale Erfüllung seiner Arbeit gezüchtet.

Diese Spezialisten hatten neben der Aufgabe, das Vieh zu hüten, auch Hof und Besitz zu bewachen, deshalb mussten sie Ausdauer, Arbeitsfreude und blitzschnelle Reaktionen auf Kommandos zeigen.

## Charakter

Der Deutsche Schäferhund hat ein ausgeglichenes Wesen, ist sehr nervenfest und selbstsicher. Er ist hochintelligent und äußerst lernbegierig. Seine Belastbarkeit macht ihn zu einem idealen Schutz- und Diensthund. Er lernt schnell und gut, und was er einmal gelernt hat, vergisst er sein Leben lang nicht wieder. Seiner Arbeitsfreude und Ausdauer muss allerdings Genüge getan werden, denn in jedem Deutschen Schäferhund von heute steckt noch der Hütehund.

Die Stehohren richten sich erst ab dem sechsten Lebensmonat auf.

## Haltung

Der Deutsche Schäferhund braucht Beschäftigung, und zwar nicht nur körperlich, sondern auch geistig. Er muss von Anfang an gut sozialisiert werden: Deshalb sollte er schon als Welpe andere Hunde und möglichst viele Menschen kennenlernen und mit seinen Haltern eine gute Hundeschule oder einen Erziehungskurs besuchen. Ganz wichtig ist das enge Zusammenleben mit seinen Menschen im Haus, nicht nur beim Drehen der täglichen Runden. Die Rasse fordert ihren Haltern viel Zeit ab, weil ihre Arbeitsfreude Befriedigung sucht. Die Fellpflege ist nicht sehr kompliziert, allerdings haart der Hund während des Fellwechsels und muss dann täglich gebürstet werden.

Das Fell kann stockhaarig oder lang sein.

Große Galoppsprünge beherrscht der langgestreckte Hund perfekt, noch besser und ausdauernder aber ist er im Trab.

**Immer fröhlich und meistens gut drauf.
Das Cocker-Markenzeichen**

**Junge Spaniels hängen an den Lippen ihrer
Menschen.**

## 16. English Cocker Spaniel

Max. Größe: 41 cm
Max. Gewicht: 14,5 kg
Ursprung: Großbritannien
Lebenserwartung: 12–15 Jahre

### Herkunft

Alle Spaniels stammen von den Vogelhunden des
Mittelalters ab, die zum Aufstöbern des Vogelwildes
durchs Walddickicht liefen und die Vögel heraus-
trieben, damit die Jäger sie in Netzen fangen konnten. Anfangs unterschied man lediglich Wasser- und
Jagdspaniels, erst zu Beginn des 20. Jahrhunderts
entwickelten sich die unterschiedlichen Rassen.

### Charakter

Der englische Cocker ist ein aufgeweckter, fröhlicher und temperamentvoller Hund mit immer
noch starker Stöberleidenschaft. Er ist unerschrocken und robust, sensibel und den Seinen gegenüber stürmisch zärtlich. Als ehemaliger
Jagdbegleiter hat er einen starken Bewegungstrieb, eine gute Nase und viel Lernfreude.

### Haltung

Seine deutlich zur Schau getragene Lebensfreude
überträgt sich auf die Familie. Der immer gut ge-
launte Spaniel animiert zu Spaziergängen, er ist
ein unermüdlicher Begleiter sowohl beim Joggen
als auch neben dem Fahrrad. Weil er Menschen
gegenüber eine große Freundlichkeit zeigt, ist er
auch bei hundelosen Zeitgenossen gern gesehen.
Artgenossen gegenüber ist der Spaniel freundlich
und spielbereit. Er ist leicht zu erziehen, lernt
willig und schnell. Jedoch sollte man seine Leidenschaft, Wild aufzuspüren, nicht unterschätzen und ihr gegensteuern. Die Fellpflege ist nicht
allzu aufwendig, einmal pro Woche sollte das seidige Langhaar allerdings gebürstet werden.

Die Cocker sind wind- und wetterfest und scheuen weder Pfützen noch Gestrüpp. Das Fell braucht deshalb Pflege.

Cocker Spaniels sind Sensibelchen, wovon der seelenvolle Blick zeugt.

Noch ist der Look nicht einheitlich, denn die Rasse der Eurasier ist eine sehr junge.

## 17. Eurasier

Max. Größe: 60 cm
Max. Gewicht: 32 kg
Ursprung: Deutschland
Lebenserwartung: 12–14 Jahre

### Herkunft

1960 entstand durch Kreuzung von Chow-Chow und Wolfspitz eine Hunderasse, die zunächst »Wolf-Chow« genannt wurde und nach Einkreuzung des Samojeden 1973 in »Eurasier« umbenannt wurde. Gewünscht war ein idealer Familienhund.

### Charakter

Der Eurasier zeigt kaum Jagdfreude und besitzt eine hohe Reizschwelle, was ihn zu einem sehr entspannten Gefährten macht. Er ist ein sehr aufmerksamer und selbstbewusster Begleiter und braucht eine starke Bindung zur Familie, die er auch einfordert. Anderen Hunden begegnet er souverän, aber nicht aggressiv. Fremde Menschen ignoriert er.

### Haltung

Ganz wichtig ist beim Eurasier der ständige Kontakt zu seinen Menschen. Obwohl er wetterfest ist, sollte er im Haus oder in der Wohnung leben. Als Ersthund für unerfahrene Menschen ist er weniger geeignet, da er großes Selbstbewusstsein besitzt und klare Alltagsregeln braucht. Mit Konsequenz im ersten Jahr ist er gut zu erziehen und entwickelt sich zu einem souveränen, sicheren Begleiter. Die Fellpflege ist sehr zeitraubend, vor allem während des Fellwechsels. Eurasier bevorzugen kühlere Temperaturen und sollten im Hochsommer tagsüber nicht überbeansprucht werden.

Eurasier haben keine ausgeprägte Jagdlust, sie bleiben draußen in der Nähe ihrer Menschen.

Die über dem Rücken getragene Rute hat der Chow Chow vererbt.

Ein Powerpaket im Miniaturformat, das ist die Französische Bulldogge.

# 18. Französische Bulldogge

Max. Größe: 35 cm
Max. Gewicht: 14 kg
Ursprung: Frankreich
Lebenserwartung: 10–12 Jahre

## Herkunft

Wie alle Doggen stammt die Französische Bulldogge wahrscheinlich von den Molossern des römischen Kaiserreiches ab; sic ist verwandt mit den Ahnen der Bulldoge Großbritanniens, mit den Alanerhunden des Mittelalters und mit den großen und kleinen Doggen Frankreichs; die Französische Bulldogge, wie wir sie heute kennen, ist das Ergebnis verschiedener Kreuzungen, die passionierte Züchter in den 1880er-Jahren in den Arbeitervierteln von Paris vornahmen.

## Charakter

Die Bulldogge ist ein fröhliches, aufgewecktes und sehr sportliches Tier. Sie ist unglaublich charmant und liebenswert, aber auch ebenso stur. An ihrer Familie hängt sie mit großer Zärtlichkeit, fremden Menschen begegnet sie freundlich, aber nicht überschwänglich. Bei Artgenossen entscheidet die Sympathie. Vielen Hunden geht sie einfach aus dem Weg und lässt sich nicht zum Spielen animieren.

## Haltung

So charmant und drollig die Dogge auch sein mag, Regeln braucht sie unbedingt, damit das Zusammenleben mit ihr nicht aus den Fugen gerät. Der Bully braucht wie alle Hunde seine Bewegung und regelmäßige Begegnungen mit Artgenossen. Er ist aber kein Marathonläufer und mit dreimal einer halben Stunde Auslauf am Tag zufrieden. Dafür reicht ein gemäßigtes Tempo, deshalb sind Französische Bulldoggen auch für ältere oder körperlich nicht so durchtrainierte Menschen geeignet. Ein Problem kann die kurze Nase werden, die zu Kurzatmigkeit bei Anstrengung und großer Hitze führt. Wer kann, sollte also einen Bully mit etwas längerer Nase wählen. Das Fell ist pflegeleicht und braucht nur ab und zu eine weiche Bürste. Bei längeren Spaziergängen im Winter empfiehlt sich ein Wärmemantel.

**Die Fledermausohren sind typisch für die Rasse.**

# 19. Golden Retriever

**Max. Größe:** 61 cm
**Max. Gewicht:** 40 kg
**Ursprung:** Großbritannien
**Lebenserwartung:** 10–12 Jahre

## Herkunft

Der Goldie stammt wie alle Retriever-Rassen aus Neufundland. Durch den regen Fischhandel, der zu Anfang des 19. Jahrhunderts zwischen England und Neufundland bestand, hatten die britischen Seeleute bei ihren Aufenthalten in Neufundland Gelegenheit, die dort lebenden Hunde kennenzulernen und bei der Arbeit zu beobachten.

Selbst bei rauem Wetter apportierten diese Hunde die Bootsleinen aus dem Wasser und brachten sie an Land, oder sie apportierten aus den Netzen gefallene Fische. Von der Arbeit dieser wasserfreudigen und wetterfesten Hunde begeistert, brachten sie in den folgenden Jahren mehrere mit nach England. Aus Kreuzungen dieser heute ausgestorbenen „Kleinen Neufundländer" oder „St. John's Hunde" mit englischen Jagdhunden, z. B. dem roten Irischen Setter, entstanden „Wavy-Coated Retriever" von variabler Farbe.

## Charakter

Der Golden Retriever ist ein intelligenter, fröhlicher Hund. Jagdlich geführt, scheut er Arbeit auch bei nasskaltem Wetter nicht. Er wird bis

Keine andere Rasse hat eine solche Karriere in Familien gemacht wie der Goldie.

Golden Retriever sind sanfte und kluge Hunde, mit einer bemerkenswerten Anpassungsfähigkeit.

heute für die Wasserjagd eingesetzt und erledigt seinen Job mit Bravour. Als Familienhund ist er aufmerksam, ruhig und geduldig. Sein Schutztrieb ist kaum entwickelt. Ab und zu kommt seine Jagdpassion noch durch, lässt sich aber leicht umlenken.

## Haltung

Der Goldie braucht Bewegung, vom gemütlichen Spaziergang bis zum Trab neben dem Rad macht er alles mit. Weil er im Haus sehr ruhig ist, kann er auch in der Wohnung gehalten werden, wenn ihm als Ausgleich Aktivitäten draußen und geistige Beschäftigung (Apportieren) geboten werden. Goldies gehören zu den Streber-Rassen, die schnell und mit Freude lernen. Gegenüber anderen Hunden und Menschen ist der Golden Retriever sehr freundlich und oft auch bis ins hohe Alter verspielt. Das Fell braucht Pflege und sollte einmal pro Woche gründlich durchgebürstet werden. Zum Problem kann die Verfressenheit des charmanten Hundes werden, denn er neigt zu Übergewicht.

Der „Will to please", der Wunsch zu gefallen, steht ihm ins Gesicht geschrieben.

## 20. Havaneser

Max. Größe: 27 cm
Max. Gewicht: 6 kg
Ursprung: Kuba
Lebenserwartung: 13–15 Jahre

### Herkunft

Die Rasse stammt aus der westlichen Mittelmeer-gegend und hat sich entlang der spanischen und italienischen Meeresküste entwickelt. Vermutlich wurden die Hunde frühzeitig durch italienische Überseekapitäne in Kuba eingeführt. Im Zuge der kubanischen Revolution verschwanden die Havaneser von der Insel. Mit einzelnen aus Kuba geschmuggelten Hunden wurde die Zucht in den USA weitergeführt.

### Charakter

Der Havaneser ist ein aufgeweckter, tempera-mentvoller, fröhlicher Hund, neugierig, char-mant und voll sprühender Lebenslust. Er hängt sehr an seinen Menschen und passt sich deren Alltag weitgehend an. Weil er ein aufmerksamer Beobachter ist und äußerst lernwillig, lässt er sich leicht erziehen.

Das Fell braucht Pflege, denn der Havaneser ist ein Springinsfeld.

Damit die Stirnhaare nicht über die Augen fallen, werden sie hochgesteckt oder geschnitten.

## Haltung

Havaneser wollen sich beweisen, sie absolvieren normale Hundekurse mit links und lieben die weiterführende Erziehung. Sie lernen spielerisch Tricks, bewähren sich im Hundesport und zeigen Ehrgeiz für anspruchsvolle Arbeiten bis hin zum Rettungshunde-Einsatz. Wer keine sportlichen Ambitionen hat, sollte außer Spaziergängen unbedingt weitere Aufgaben wie Suchspiele oder das Lernen von Tricks anbieten, damit die kleinen Hunde ausgelastet sind. Haveneser melden, aber sie kläffen nicht. Die Jagdpassion ist schwach. Wegen seiner geringen Größe taugt der Havaneser auch als Stadthund. Aufwendig ist allerdings die Fellpflege, die lange üppige Haarpracht erfordert tägliches Bürsten. Als reiner Familienhund kann der Havaneser aber regelmäßig getrimmt werden.

Obwohl er kaum Unterwolle hat, ist der Havaneser wetterfest.

Hovawarts können einfarbig blond, schwarz und schwarz-markenfarbig sein.

## 21. Hovawart

Max. Größe: 70 cm
Max. Gewicht: 40 kg
Ursprung: Deutschland
Lebenserwartung: circa 12 Jahre

### Herkunft

Der Hovawart ist eine sehr alte deutsche Gebrauchshunderasse. Der Name stammt aus dem Mittelhochdeutschen: hova = der Hof und wart = der Wächter. Seit 1922 wurde die damals verschwundene Rasse unter Verwendung von typmäßig ähnlichen Hunden, die man auf Bauernhöfen noch vorfand, neu herausgezüchtet.

### Charakter

Der Hovawart ist ein ausgeglichener, selbstsicherer Hund mit viel Mut und Ausdauer und hoher Belastbarkeit. Er zeigt meistens ein gelassenes Temperament. Wegen der hervorragenden Nase und dem Lernwillen wird er heute als anerkannter Gebrauchshund vielseitig eingesetzt: beim Zoll und Militär, bei der Polizei und im Rettungshunde-

dienst. Er ist anderen Hunden gegenüber etwas zurückhaltend, kann aber auf Provokationen schroff reagieren. Fremden Menschen gegenüber ist er gleichgültig, solange sie nicht das Territorium seiner Familie betreten. Sein Schutzinstinkt ist hoch.

### Haltung

Diese Rasse braucht sehr viel Auslauf, egal bei welchem Wetter. Sie braucht außerdem Menschen, die ihr körperlich gewachsen sind und Hundeerfahrung mitbringen. Die Erziehung erfordert viel Geduld und Konsequenz, damit der Wach- und Schutzinstinkt in die richtigen Bahnen gelenkt wird. Der Hovawart fordert viel Beschäftigung und freie Bewegung und ist kein Stadthund. Er läuft gut und lange neben dem Rad, ist ausdauernd auf Wandertouren und beim Joggen und bewährt sich auch in den Gebrauchshundesportarten. Hovawarts sind erst mit zwei bis drei Jahren erwachsen und sollten bis dahin alle Regeln des Zusammenlebens mit Menschen gelernt haben. Die Fellpflege ist einfach, außerhalb des Fellwechsels genügt es, den Hund einmal pro Woche gründlich zu bürsten.

Der Hovawart genießt seinen Auslauf.

## 22. Irish Terrier

**Max. Größe:** 45 cm
**Max. Gewicht:** 12 kg
**Ursprung:** Irland
**Lebenserwartung:** 13–15 Jahre

### Herkunft

Der Irish Terrier ist wahrscheinlich die älteste der vier irischen Terrierrassen. Vor 1880 war die Farbe der Irish Terrier noch recht uneinheitlich. Außer in Rot gab es sie gelegentlich auch schwarz-loh gefärbt oder auch von gestromter Farbe. Seit Beginn des 20. Jahrhunderts zeigen die Terrier alle rotes Haarkleid.

### Charakter

Der Irish Terrier ist ein selbstsicherer, mutiger Hund, der zwar von sich aus keine Konfrontation sucht, aber einer Auseinandersetzung mit anderen Hunden nicht aus dem Weg geht. Er ist entschlossen und schneidig und hängt mit unverbrüchlicher Treue an seinen Menschen. Aber er hat auch seinen eigenen Kopf und muss,

Wie viele irische Rassen liebt auch der rote Terrier Regentage und lässt keine Pfütze aus.

wie die meisten Terrier, überzeugt werden. Trotz seiner mittleren Größe ist er ein hervorragender Wächter und Beschützer.

## Haltung

Der Irish Terrier hat mittleres Temperament, aber eine große Robustheit und Ausdauer. Er will bei Wind und Wetter seine Bewegung haben und braucht auch die geistige Auslastung.

Die Erziehung ist nicht ganz einfach, doch wer genügend Geduld und Hartnäckigkeit auf-bringt, wird mit einem Hund belohnt, der niemals das Gelernte vergisst und sich dem Familienleben voll anpasst. Seine Jagdleidenschaft hält sich in Grenzen, seine Buddelfreude dagegen ist relativ ausgeprägt. Wer auf einen gepflegten Garten wert legt, sollte diesem Terrier unbedingt ein eigenes Eck zum Buddeln anbieten.

Der Irish Terrier haart nicht, er muss deshalb regelmäßig getrimmt werden. Das kann in einem Hundesalon geschehen, aber auch durch den Züchter oder geübten Halter.

**Vorwitzige Kerlchen sind schon die Welpen, die auch abseits der Mutter viel Mut beweisen.**

## 23. Jack Russell Terrier

Max. Größe: 30 cm
Max. Gewicht: 6 kg
Ursprung: Großbritannien
Lebenserwartung: 13–16 Jahre

### Herkunft

Der Begründer der Rasse, Pastor (Parson) John (Jack) Russell (1795–1883), war ein großer Jäger und Reiter und hatte sich der Terrierzucht verschrieben. Während seines Studiums in Oxford erwarb er seine erste Terrier-Hündin, eine weiße rauhaarige Hündin mit Abzeichen am Kopf, die damals bereits in wesentlichen Punkten dem heutigen Standard entsprach. Jack Russell nahm die unterschiedlichsten Einkreuzungen mit anderen einfarbigen oder bunt gefleckten Arbeits-Terriern vor. So entstand der Parson Russell Terrier, dessen kurzbeinige Variante Jack Russell Terrier heißt.

### Charakter

Der Jack Russell hat ein feuriges Temperament, was ihn gelegentlich leichtsinnig werden lässt. Er ist unglaublich aufmerksam und neugierig, hat große Bewegungsfreude und einen ausgeprägten Spieltrieb. Als Stallhund und Reitbegleiter machte er den Mäusen in der Pferdebox den Garaus und begleitete seine Menschen beim Ausritt. Allerdings hat er sich seine Jagdfreude erhalten, und die Mäusejagd unterstützt er bis heute durch Vergrößern der Mauselöcher mit den Pfoten.

**Der Jack Russell Terrier ist immer unternehmungslustig.**

## Haltung

Der quirlige Jackie kann auch in der Wohnung gehalten werden, fordert dann aber viel Bewegung draußen und geistige Beschäftigung. Er lernt schnell und nachhaltig, zeigt aber bisweilen den typischen Terrier-Sturschädel. Deshalb und wegen des überschäumenden Temperaments ist die Erziehung nicht ganz einfach. Der kleine Terrier eignet sich für sportlich-aktive Menschen, besonders für Reiter, die ihm bei Ausritten die nötige Bewegung gönnen, und ist nichts für ältere Menschen. Er lernt auch Tricks, beschäftigt sich mit Intelligenzspielen und ist im Hundesport mit Ehrgeiz dabei. Das Fell ist pflegeleicht und braucht nur einmal pro Woche die Bürste.

Der Jackie entwickelt im Hundesport richtigen Ehrgeiz.

Die Russells suchen die Herausforderung und zeigen sich beim Spielen nicht zimperlich.

# 24. Kleiner Münsterländer

Max. Größe: 56 cm
Max. Gewicht: 27 kg
Ursprung: Deutschland
Lebenserwartung: 12–13 Jahre

## Herkunft

Schon im 19. Jahrhundert waren im Münsterland die Wachtelhunde bekannt, die hervorragende Vorstehhunde waren, eine super Nasenleistung zeigten und apportierten. Anfang des 20. Jahrhunderts wurde dann aus Heidewachtel und der Hannoverschen Heidebracke der gewünschte „langhaarige kleine Vorstehhund, wie er im Münsterland seit vielen Jahrzehnten gezüchtet wird", reingezüchtet.

## Charakter

Der Kleine Münsterländer ist ein temperamentvoller Hund, sehr lernwillig und intelligent, dabei freundlich gegenüber allen Menschen. Er zeigt hohe Jagdpassion und „Wildschärfe", kann ausdauernd suchen und ist ein hervorragender vielseitiger Jagdbegleiter. Als Jagdhund besitzt er außerdem gute Nervenstärke und ein stabiles ausgeglichenes Wesen. Anderen Hunden gegenüber ist er friedlich, fremden Menschen begegnet er ebenfalls sehr freundlich.

## Haltung

Wie die meisten Jagdhunde wird auch der Münsterländer kaum an Nichtjäger abgegeben, er eignet sich dennoch – bei richtiger Auslastung – als Familienhund, weil er allen Menschen gegenüber

In Wald und Feld fühlt sich der lebhafte Jagdhund in seinem Element.

äußerst freundlich ist und sich seinen Haltern anpasst. Allerdings darf man weder seine Arbeitsfreude und Bewegungslust unterschätzen noch den ausgeprägten Jagdtrieb. Empfehlenswert ist deshalb zur Grunderziehung eine Jagdausbildung. Viele Vereine bieten diese für Nichtjäger an. Um den Kleinen Münsterländer geistig und körperlich voll auszulasten, sind Suchspiele aller Art oder Hundesport, der sich auf die Nase konzentriert (Rettungshunde, Fährtensuche, Apportieren), ideal. Der hübsche Jagdhund fordert seinen Haltern viel Zeit ab, denn ein Spaziergang täglich lastet ihn nicht aus. Enge Familienanbindung ist für ihn sehr wichtig, er sollte also möglichst überall dabei sein. Das Fell ist nicht sehr pflegeintensiv, kräftiges Bürsten pro Woche ist ausreichend.

Der Münsterländer braucht eine Aufgabe und Beschäftigung.

Suchen, Finden und Apportieren sind Spiele, für die sich der Kleine Münsterländer begeistert.

# 25. Labrador Retriever

Max. Größe: 57 cm
Max. Gewicht: 40 kg
Ursprung: Kanada
Lebenserwartung: 12–13 Jahre

## Herkunft

Die Vorfahren des heutigen Labradors hatten ihren Ursprung nicht – wie vom Namen her vermutet werden könnte – auf der gleichnamigen Halbinsel Kanadas, sondern in Neufundland. Es wird angenommen, dass der St.-John's-Hund der Urahn aller Retriever-Rassen ist. Um 1899 soll in einem schwarzen Wurf erstmals ein gelber Welpe aufgetaucht sein. Gelbe Welpen galten zunächst als untypisch und wurden meist getötet. In späteren Jahren fand sowohl der gelbe als auch der braune (chocolate) Labrador seine Liebhaber.

Der Labbi möchte seinen Menschen jeden Wunsch von den Lippen ablesen.

## Charakter

Der Labrador ist ein aktiver und arbeitsfreudiger Hund. Er liebt Menschen, ganz besonders Kinder. Der Labrador möchte seinem Besitzer gefallen. Die Engländer nennen diese Eigenschaft „will to please". Und tatsächlich ist er „Everybody's Darling", der Liebling aller Menschen. Seine Liebenswürdigkeit anderen Hunden und Menschen gegenüber macht ihn zum idealen modernen Begleiter von Familien. Seine hohe Intelligenz und Lernfreude prädestinieren ihn auch für Einsteiger in die Hundehaltung. Labbis sind zu Wasser und zu Lande bewegungsfreudig und aktiv.

## Haltung

Wer sich einen Labrador zulegt, sollte ihn von Anfang an eng in die Familie integrieren, damit er sich optimal in den Alltag einpasst. Lange Abenteuerspaziergänge bei jedem Wetter und zu jeder Jahreszeit sind Pflicht. Geistige Auslastung ist ebenfalls notwendig. Weil der Labrador zu den schwergewichtigen Rassen gehört, darf er als Welpe keine Treppen steigen und nur kontrolliert fressen, weil sonst die Muskulatur schneller als das Skelett wächst, was zu schweren Gelenkproblemen führen kann. Die Fresslust des kurzhaarigen Retrievers ist legendär. Für Leckerchen tut er alles, aber sie schlagen sich auch auf seine Figur. Am besten passt er in Familien, die sich viel und abwechslungsreich mit ihm beschäftigen und seiner Lernfreude Rechnung tragen. Nicht ohne Grund ist der Labrador heute einer der beliebtesten Therapie-, Blindenführ- und Suchhunde. Als Sportarten eignen sich für ihn Mantrailing, Dummy-Training, Apportieren, Suchspiele, nicht aber Agility oder andere sprungintensive Sportarten. Ausflüge in die Nähe von Flüssen oder Seen sind für den Labrador besonders attraktiv, weil er dort seiner Schwimmfreude frönen kann. Die Fellpflege ist einfach, es sollte einmal pro Woche gründlich gebürstet werden.

In schwarz, gelb und schoko gibt es den Labrador.

# 26. Leonberger

Max. Größe: 80 cm
Max. Gewicht: 70 kg
Herkunft: Deutschland
Lebenserwartung: 8–9 Jahre

## Herkunft

Der Leonberger Stadtrat Heinrich Essig hatte sich zum Ziel gesetzt, einen löwenähnlichen Hund zu züchten, um seiner Stadt, die im Wappen einen Löwen trägt, eine eigene Rasse zu schenken. Er kreuzte zunächst schwarz-weiße Neufundländer, Bernhardiner und Pyrenäen-Berghunde und war Mitte des 19. Jahrhunderts am Ziel. Die ersten Leonberger waren meistens Bauernhunde, die den Hof bewachten und die Milchwagen zogen.

Im Zweiten Weltkrieg ging der Bestand dramatisch zurück, doch heute hat sich die Rasse wieder etabliert.

## Charakter

Der Leonberger ist ein starker, muskulöser, großer und selbstbewusster Hund. Er zeigt sich äußerst souverän und sehr aufmerksam, ohne Aggressivität oder Scheu. Dabei ist er für seine Größe sehr temperamentvoll. Er passt sich seinen Menschen und deren Alltag gut an und bindet sich stark an seine Familie. Dabei hat er einen angeborenen Wach- und Schutzinstinkt. Leonberger sind nervenstark mit hoher Reizschwelle, sie lassen sich nicht so leicht aus der Fassung bringen, weshalb sie auch gute Kindergefährten sind. Fremden Menschen und anderen Hunden gegenüber ist der Leonberger zurückhaltend.

Trotz seiner imposanten Größe ist der Leonberger ein temperamentvoller Hund.

Erst in zwei bis drei Jahren wird er erwachsen sein.

## Haltung

So leicht die Erziehung dieses intelligenten Hundes ist, so sorgsam muss die Aufzucht erfolgen. Als großwüchsiger Hund braucht der Leonberger Zeit, sein Skelett zu entwickeln und darf im ersten Lebensjahr nicht zu energiereich gefüttert werden. Treppensteigen ist tabu, weshalb der Leonberger schon aus diesem Grund nicht in eine Stadtwohnung passt. Aufgrund seiner Größe ist ein Haus mit Garten ideal als Lebensraum für ihn. Auch wenn er keine kilometerlangen Gewaltmärsche braucht, will er sich doch viel bewegen und sein Temperament ausleben. Für die meisten Hundesportarten ist er zu groß und gewichtig. Aber im Zughundesport und auch bei Suchsportarten kann er seine Kraft, Intelligenz und die gute Nase beweisen. Die Fellpflege ist aufwendig, denn der Leonberger entwickelt viel Unterwolle, die vor allem während des Fellwechsels täglich herausgebürstet werden muss. Auch die üppige Löwenmähne braucht Kamm und Bürste. Leonberger sind Spätentwickler, die zwei bis drei Jahre brauchen, bis sie erwachsen sind.

Leonberger sind selbstbewusst und wissen um ihre Kraft.

# 27. Magyar Vizsla

Max. Größe: 64 cm
Max. Gewicht: 30 kg
Ursprung: Ungarn
Lebenserwartung: circa 12 Jahre

## Herkunft

Die Vorfahren des Vorstehhundes kamen mit wandernden Völkerstämmen bereits im Mittelalter nach Ungarn. Dort wurde die Rasse vorzugsweise für die Jagd eingesetzt und im Lauf der Jahrhunderte weiter veredelt. Bis heute ist der Vizsla in seiner Heimat ein beliebter und erfolgreicher Jagdbegleiter, aber auch ein Bauernhund, der in der Puszta mit den Reitern läuft und die Höfe bewacht und von Schädlingen frei hält.

## Charakter

Der Vizsla ist lebhaft, freundlich, ausgeglichen und leicht erziehbar. Die hervorragende Kontaktbereitschaft gehört zu seinen grundlegenden Eigenschaften. Er verträgt keine grobe Behandlung und ist weder aggressiv noch scheu. Seinen Jagdinstinkt hat er sich erhalten, ebenso verfolgt er

Der Vizsla hat einen ausgezeichneten Geruchssinn.

Das wichtigste Training für die Welpen ist der sichere Rückruf.

von sich aus wachsam jedes Geschehen in seiner Umgebung. Fremden Menschen wie auch anderen Hunden nähert er sich freundlich.

## Haltung

Der Jagdtrieb des Vizsla ist durch gute konsequente Erziehung unter Kontrolle zu bringen. Diese Konsequenz muss der Halter aber das Hundeleben lang zeigen. Der Vizsla braucht Platz und die Möglichkeit, sich frei zu bewegen, deshalb ist er absolut kein Stadthund. Und er sucht den ständigen Anschluss an seine Familie, sonst zieht er sich schnell in sich selbst zurück, wenn er zu lange alleine bleiben muss. Auch wenn er kein Kläffer ist, neigt er dazu, Ungewöhnliches zu melden. Lange Spaziergänge mit joggenden Menschen, Reitern, Radfahrern oder Wanderern liebt er, ebenso die hundesportliche Herausforderung. Wie alle Jagdhunde ist er äußerst lernwillig und lässt sich deshalb mit leichter Hand erziehen. Die schlanke Figur darf der Halter nicht aus den Augen verlieren, denn Vizslas fressen gern und viel. Das Fell ist pflegeleicht und sollte einmal pro Woche gründlich gebürstet werden. Den Magyar Vizsla gibt es als Kurz- und Drahthaar-Variante, bei uns sieht man oft nur die kurzhaarigen Vertreter.

Der ursprüngliche ungarische Vorstehhund wird mehr und mehr in der Familie gehalten.

## 28. Malteser

Max. Größe: 25 cm
Max. Gewicht: 4 kg
Herkunft: Malta
Lebenserwartung: 12–15 Jahre

## Herkunft

Kleine Hunde des Malteser-Typs lebten schon vor Christi Geburt in den Häfen und Küstenorten des Mittelmeerraumes, wo sie Ratten und Mäuse bekämpften und von den Fischern geduldet und mit Abfällen gefüttert wurden.

Im späten Mittelalter und in der Neuzeit avancierten sie zu dem Liebling der Damen, und zahlreiche Gemälde bezeugen, dass sie durchaus gesellschaftsfähig waren und sich auch beim Hochadel größter Beliebtheit erfreuten.

## Charakter

Der Malteser zählt zu den Bichons, den Schoßhündchen. Er ist ein lebhafter, äußerst gelehriger und freundlicher Hund, der mit hoch erhobenem Haupt durchs Leben geht, was ihn manchmal arrogant erscheinen lässt. Malteser sind mutig und verteidigungsbereit. Sie melden zuverlässig Eindringlinge in ihr Revier. Sie haben kaum Jagdpassion und sind ihren Menschen ge-

Malteser sind Schoßhunde, aber hochintelligent.

Wo ein Malteser lebt, finden auch zwei ein gutes Zuhause.

genüber sehr treu und anhänglich. Anderen Hunden und Menschen begegnen sie reserviert bis misstrauisch.

## Haltung

Der kleine weiße Hund ist ein zauberhafter Begleiter, der sich mit leichter Hand sehr gut erziehen lässt. Das muss auch sein, damit er sich seiner Größe bewusst wird und größere Artgenossen nicht provoziert. Malteser lieben die Bewegung, sie können auch längere Wanderungen mitmachen, wenn das Tempo den kurzen Beinen angepasst wird. Tricks lernen sie gern und zeigen sie auch mit Freude. Sie brauchen engen Anschluss an die Familie, weil sie das Alleinsein nicht gut vertragen. Wegen der kaum vorhandenen Jagdfreude können sie überall frei laufen und halten sich dabei eng an ihre Menschen. Das Fell braucht intensive Pflege, weil es bodenlang wächst. Wer nicht auf Ausstellungen geht und auch nicht züchten will, kann die Haarpracht kürzen. Im Winter braucht der Malteser Kälteschutz, weil er keine Unterwolle entwickelt.

Das lange Haar wird aus den Augen gekämmt und hoch geklammert.

# 29. Mops

Max. Größe: 28 cm
Max. Gewicht: 8 kg
Ursprung: China
Lebenserwartung: 12–15 Jahre

## Herkunft

Lange vor Christi Geburt wurden in China kleine kurzhaarige Hunde mit großen Köpfen und verkürztem Fang gezüchtet. Bereits im 9. Jahrhundert war in China ein eindeutig als Mops zu bezeichnender Hund unter dem Namen Lo-chi-ang-sze oder auch Lo-sze bekannt. Erst im 20. Jahrhundert erhielt er seinen jetzigen Namen. Ihre erste weltweite Blütezeit hatte die Rasse aber schon im 18. Jahrhundert. Die Chinoiserie war en vogue, und der kleine Chinaimport mit seinem exotischen Aussehen fehlte an kaum einem Fürstenhof. Aus dieser Zeit stammen unzählige Mopsdarstellungen. Kein Hund wurde wohl so oft gemalt, modelliert oder gegossen. Der Mops-Kult trieb seine Blüten auf Bonbonnieren und Pfeifenköpfen, in Gold, Silber und Porzellan. Die Freimaurer gründeten sogar einen Geheimbund, den Mops-Orden, als Ersatz für die vom

Der Mops strotzt nur so vor Kraft und Selbstbewusstsein.

Draußen beweist der kleine Kerl, wie flink er über Stock und Stein fegen kann.

Papst mit dem Bann belegten Freimaurerlogen. Seine zweite Blüte hatte der Mops im Biedermeier, wo er als Galan die feinen Damen beschützte, bewachte und ihnen die Zeit vertrieb. Seit der Jahrtausendwende ist der Mops erneut im Trend und gehört zu den beliebtesten kleinen Hunderassen.

## Charakter

Der Mops ist ein stolzer, sehr eigensinniger Hund, sensibel und intelligent und voller Liebe zu seinen Haltern, an denen er leidenschaftlich hängt. Er hat sich seine Wächterfunktion erhalten und beobachtet gern von einem erhöhten Platz aus das Geschehen um ihn herum. Er ist erstaunlich wendig und beweglich und erreicht im Laufen ein ordentliches Tempo. Weil er sich als ständiger Begleiter seiner Bezugspersonen fühlt, hasst er das Alleinsein. Artgenossen gegenüber überschätzt sich der selbstbewusste kleine Kraftprotz oft. Fremden Menschen begegnet er mit Gleichmut bis Misstrauen.

## Haltung

Trotz seiner stabilen kleinen Figur mag dieser Hund Bewegung und macht Spaziergänge mit erhobenem Kopf und energischen Schritten gerne mit. Er ist überhaupt kein Jäger, kann also frei laufen. Zu schaffen kann sein Eigensinn machen, weshalb die Erziehung mit festen Regeln für den Alltag aufgebaut werden sollte. Im Hundesport ist er lieber Zuschauer als Beteiligter. Daheim ist er ruhig, er kann also auch die Etagenwohnung in der Stadt mit seinen Menschen teilen, wenn die ihn zu Abenteuern oft genug mit nach draußen nehmen. Weil eine zu kurze Nase beim Mops zu schweren Atemproblemen führen kann, sollte man bei der Wahl des Hundes auf einen guten Züchter Wert legen und sich die Mutter ansehen. Die Fellpflege des quadratischen Kerlchens ist einfach, einmal pro Woche sollte der Mops gebürstet werden. Im Winter ist er dankbar für einen Kälteschutz bei Spaziergängen.

## 30. Papillon/Phalène (Kontinentaler Zwergspaniel)

Max. Größe: 28 cm
Max. Gewicht: 5 kg
Ursprung: Frankreich
Lebenserwartung: 13–15 Jahre

### Herkunft

Die korrekte, vollständige Rassebezeichnung lautet Kontinentaler Zwergspaniel, innerhalb dieser unterscheidet man zwei Varietäten:
Papillon (Stehohriger Typ),
Phalène (Hängeohriger Typ).
Allgemein wird der Ursprung der Zwergspaniels in Europa vermutet, obwohl nicht ganz ausgeschlossen werden kann, dass seine Vorfahren – wie so viele Zwerghunde – aus Ostasien stammen. Erste Belege für die Existenz von kleinen Luxushündchen, die im Typ sehr genau unserem heutigen Phalène entsprechen, sind erstmals auf italienischen Fresken und Ölbildern ab dem 13. bis 14. Jahrhundert zu finden.

Obwohl die Verbreitung von Italien aus erfolgte, ist es vermutlich eher Frankreich zu verdanken, dass sich die Rasse bis heute erhalten hat. Am französischen Hof haben sich Zwerghunde dieses Typs über mehrere Jahrhunderte großer Beliebtheit erfreut. Auch am englischen Hof wurden Zwergspaniels gehalten, doch haben sich im 18. Jahrhundert die

Der kleinste aller Spaniel ist ein Energiebündel, das sich gern von seiner sportlichen Seite zeigt.

Typen in die Richtungen Englischer Toy Spaniel und Kontinentaler Zwergspaniel auseinanderentwickelt.

## Charakter

Die Schmetterlingshündchen (Papillon heißt übersetzt Tagfalter, Phalène bedeutet Nachtfalter) sind aktive, temperamentvolle Hunde. Sportlich, abenteuerlustig und immer spielbereit, andererseits auch sensibel und einfühlsam. Sie sind sehr menschenbezogen und hängen mit zärtlicher bis stürmischer Liebe an ihren Haltern. Sie besitzen kaum noch Jagdpassion, haben sich aber die Intelligenz und Lernfreude der Jagdhunde erhalten. Anderen Hunden begegnen sie friedlich, fremden Menschen gegenüber sind sie freundlich.

## Haltung

Der kleine Spaniel liebt die Bewegung zu jeder Jahreszeit, wie seine großen Vettern stöbert und sucht er gern, deshalb liebt er auch das Apportieren. Er läuft genauso gesittet langsam an der Leine, wie er neben seinem joggenden Menschen seine Schnelligkeit und Ausdauer zeigt. Im schnellen Hundesport haben sich die Zwerge schon oft bewährt, Agility ist für sie ein Riesenspaß, bei dem sie ihre Schnelligkeit und Intelligenz beweisen können. Papillon und Phalène lernen leicht und gut und sind prima zu erziehen. Sie spielen sehr gern und lernen auch Tricks. Das Fell braucht intensive Pflege, damit die langen seidigen Haare nicht verzotteln.

Die riesigen Ohren machen den Papillon unverwechselbar. Die hängeohrige Variante nennt sich Phalène.

## 31. Neufundländer

Max. Größe: 71 cm
Max. Gewicht: 68 kg
Herkunft: Kanada
Lebenserwartung: 8–10 Jahre

### Herkunft

Der Neufundländer stammt tatsächlich von der Insel Neufundland, wo der den Fischern und Bauern beim Ziehen schwerer Lasten zu Wasser und zu Lande half. Die kleineren heimischen Fischerhunde und der Große Schwarze Bärenhund könnten bei seiner Entwicklung mitgewirkt haben.

### Charakter

Der Neufundländer ist ein starker, muskulöser, souveräner und gelassener Hund. Seine Kraft macht ihn ebenso furchtlos wie unerschrocken, aber gleichzeitig auch geduldig und nachsichtig. Seine Gutmütigkeit ist sprichwörtlich. Trotz der Haarfülle und des Gewichts bewegt er sich gern und ausdauernd. Anderen Hunden gegenüber ist er friedlich bis gleichgültig. Fremden Menschen begegnet er gelassen, aber nicht anbiedernd.

### Haltung

Dieser noch sehr ursprüngliche Hund braucht allein schon wegen seiner Größe viel Platz und einen Menschen, der ihn verantwortungsvoll großzieht. Wachstums- und Gewichtskontrolle in den ersten beiden Lebensjahren sind für seine Gesundheit entscheidend. Er ist intelligent und lernt schnell, wenn auch seine Dickköpfigkeit den Halter bei der Erziehung vor Herausforderungen stellt. Kraft und Gewicht des Hundes bedingen, dass sein Halter ihm körperlich gewachsen sein und ihm ein Haus mit Garten bieten muss. Neufundländer lieben lange lässige Spaziergänge, sie bewegen sich lieber gemächlich als superschnell. Das Wasser ist nach wie vor ihr Element, sie schwimmen gern und vorzüglich und sind in einigen Ländern begehrte Wasserrettungshunde. Auch im Zughundesport bewähren sie sich. Wegen des üppigen Fells vertragen sie keine Hitze und brauchen an warmen Tagen ihren „Pool" oder einen Schattenplatz im Haus. Ihrer Familie sind sie treu ergeben und sehr ruhige Begleiter. Die Fellpflege ist aufwendig. Während des Fellwechsels muss das Haarkleid täglich ausgebürstet werden.

**Kleine Neufis sind bereits Pfundskerle.**

Neufundländer sind sowohl mit ihresgleichen als auch gegenüber Menschen friedfertig.

Große gemütliche Knuddelbären, das sind Neufundländer nicht nur äußerlich.

# 32. Parson Russell Terrier

Max. Größe: 38 cm
Max. Gewicht: 7,5 kg
Herkunft: Großbritannien
Lebenserwartung: 13–15 Jahre

## Herkunft

Der Begründer der Rasse, Pastor (Parson) John Russell, war ein leidenschaftlicher Reiter und Jäger, außerdem Jagdhundezüchter. Er wollte einen Hund, groß genug, um neben dem Pferd zu laufen, klein genug, um in Fuchs- und Dachsbauten einzufahren und auf dem Sattel mitzureiten. Und mit einem Schwanz, an dem er sich aus dem Bau ziehen ließ, wenn er stecken blieb. Er strebte also einen raubzeugscharfen, nimmermüden Bauhund an. Seine Ausgangsrassen waren Arbeitsterrier, mit denen er so lange züchtete, bis sein Idealhund entstanden war.

## Charakter

Der Parson ist ein Energiebündel, sprühend vor Temperament, unerschrocken, arbeitsfreudig, schnell und wendig. Er geht Herausforderungen nicht aus dem Weg und hat noch alle Eigenschaften eines Jagdterriers. In seiner Heimat ist er ein beliebter Jagdbegleiter, im kontinentalen Europa hat er sich auch als Familienhund etabliert.

## Haltung

Der Parson Russell Terrier ist nicht für Einsteiger in der Hundehaltung geeignet, denn er besitzt den typischen Terrier-Dickkopf und stellt die Menschen bei seiner Erziehung auf eine Geduldsprobe. Sein überschäumendes Temperament muss in die richtigen Bahnen gelenkt werden, sonst kann er in wildreichem Gelände nicht ohne Leine laufen. Er ist bei sehr aktiven, sportlichen Menschen, die ihm viel Zeit widmen und die nötige Konsequenz bei der Erziehung aufbringen, gut aufgehoben. Hundesport jeder Art macht er begeistert mit. Auch bei langen Wanderungen, Bergtouren, neben dem Rad oder Pferd ist er ein prima Begleiter, vorausgesetzt, er hat eine gute Grunderziehung genossen. Anderen Hunden imponiert er gern, er ist kein Mitspieler auf der Hundewiese, sondern braucht andere Beschäftigung. Menschen gegenüber ist er freundlich und aufgeschlossen. Die Fellpflege ist einfach, einmal pro Woche bürsten genügt.

**Vom Parson gibt es auch eine Rauhaarvariante.**

Anders als sein Vetter, der Jack Russell ist der Parson Russell ein Quadrathund.

Flink, energiegeladen und schneidig: schon die jungen Parson Russell Terrier werden kaum müde.

Pudel gibt es mittlerweile in vielen Farbschlägen und Größen. Intelligent sind sie alle.

## 33. Pudel

Max. Größe: 60 cm (Großpudel), 45 cm (Klein-pudel), 35 cm (Zwergpudel), 28 cm (Toypudel)
Max. Gewicht: 30 kg (Großpudel), 12 kg (Klein-pudel), 6 kg (Zwergpudel), 3 kg (Toypudel)
Herkunft: Frankreich
Lebenserwartung: circa 15 Jahre

### Herkunft

Der Pudel stammt vom französischen Barbet ab und wurde wie dieser als Wasserhund genutzt. Wegen seiner extremen Gelehrigkeit war er auch ein häufiger Begleiter fahrender Handelsleute, für die er mit Kunststückchen Geld dazuverdiente. Die typische Pudelschur stammt aus der Zeit der Wasserhundearbeit: Damit wichtige Organe und die Gelenke geschützt blieben, ließ man das lockige Haarkleid um die Brust, am Kopf, dem Schwanz und den Fesseln und schor, damit der Hund im Wasser besser vorankam, den Rest des Körpers. Heute gibt es kaum noch Pudel als Jagdbegleiter, doch weltweit haben ihn Familien für sich entdeckt. Weil er in vier Größen und vielen Farben zu haben ist, haben Pudelfans eine große Auswahl.

### Charakter

Stolz und souverän sind alle Pudel, ihr würdevoller Gang und der erhobene Kopf verleihen ihnen das einmalige Auftreten. Sie sind selbstsicher und intelligent, dabei besonnen, mit eleganten Bewegungen. Trotz ihres ruhigen Auftretens steckt viel Temperament in ihnen, das sie, wenn gewünscht, auch unter Beweis stellen. Das ursprüngliche Wesen des Jagdbegleiters ist nur noch in Fragmenten erhalten, einem Gewässer weichen die meisten aber nicht aus. Anderen Hunden gegenüber sind sie locker, aber nicht aufdringlich. Fremden Menschen begegnen sie mit gleichmütiger Höflichkeit.

### Haltung

Pudel sind ruhige Hunde, die immer alles richtig machen wollen. Sie passen sich perfekt an ihre Menschen an und begleiten diese sowohl in der Stadt als auch auf ausgedehnten Wanderungen auf dem Land. Beim Großpudel ist die Jagdpassion noch in Teilen vorhanden, aber mit guter Erziehung unter Kontrolle zu bekommen. Pudel sind lernfreudig, intelligent und sehr leicht zu erziehen. Sie können alles lernen und zeigen sich

in der Hundeschule als ehrgeizige Streber, die Gelerntes nie vergessen. Die kleineren Pudel fühlen sich auch in der Etagenwohnung zu Hause, nutzen aber auch wie ihr großer Verwandter ein Haus mit Garten. Im Hundesport sind sie mit Begeisterung dabei, und vor allem die Zwerge beweisen ihren Siegeswillen. Großpudel werden heute vielfach als Blindenführ- oder Therapiebegleithunde eingesetzt, weil die Lernlust und Friedfertigkeit sie dazu prädestinieren. Vielfach wird der Pudel als ideal für Allergiker empfohlen, weil er nicht haart. Wird er nicht regelmäßig geschoren, wird das Haarkleid zum Schnürenfell, denn es wächst lebenslang weiter. Die Haare verzwirbeln sich dann zu langen gedrehten strickartigen Schnüren. Als Familienhund sollte der Pudel vierteljährlich zur Schur, die auch im Na-

Schon der Pudelwelpe lernt durch Beobachten.

turlook durchgeführt werden kann. Dann wird das Fell gleichmäßig am ganzen Körper gekürzt und zwei bis drei Zentimeter lang gelassen.

Pudel haaren nicht, deshalb muss das Fell regelmäßig geschoren werden, sonst bildet es Schnüren.

## 34. Rhodesian Ridgeback

Max. Größe: 69 cm
Max. Gewicht: 36,5 kg
Herkunft: Südafrika
Lebenserwartung: 10–12 Jahre

### Herkunft

Wahrscheinlich brachten die ersten europäischen Pioniere ihre Jagdhunde mit, die sich mit den heimischen Hottentottenhunden mixten oder bewusst gekreuzt wurden. Diese Hottentottenhunde hatten den charakteristischen Rückenkamm, einen Haarstrich auf dem Rücken, der in Gegenrichtung des sonstigen Fells wächst. Daher kommt auch der Name dieses Hundes: Ridgeback.

Die großen, sehr schnellen Jagdhunde wurden meistens für die Löwenjagd eingesetzt. Sie jagten in der Meute, stellten den Löwen und hielten ihn so lange auf der Stelle, bis die Jäger ihn erlegen konnten. Auch heute wird der Rhodesian Ridgeback in vielen Ländern noch als Jagd- aber auch als Wachhund eingesetzt.

### Charakter

Der Rhodesian Ridgeback ist ein aktiver, ausdauernder, sehr kräftiger Hund, dabei immer noch voller Jagdleidenschaft. Sein Auftreten ist sehr elegant und würdevoll. Rhodesians sind hochintelligent und meist verträglich mit anderen Hunden. Fremden Menschen gegenüber verhalten sie sich neutral bis zurückhaltend.

### Haltung

Aufgrund seiner Bewegungsfreude passt der Rhodesian nicht in die Stadtwohnung, er will ausdauernd und lange laufen und ist für ein Haus mit Garten dankbar. Am Fahrrad, neben dem Reiter oder Jogger, aber auch auf langen Wanderungen und im Hundesport kann er sich beweisen.

Die Erziehung ist einerseits einfach, weil der südafrikanische Jagdhund schnell begreift und Freude am Erfüllen der menschlichen Wünsche hat. Andererseits muss seine Jagdpassion und Selbstständigkeit unter Kontrolle gehalten werden. Der Rhodesian Ridgeback ist immer noch sehr wachsam und meldet zuverlässig Eindringlinge. Aggressivität oder Scheu zeigt er aber nicht. Das Fell ist pflegeleicht, braucht wöchentlich einmal die Bürste, damit sich keine kurzen Haare in der Wohnung sammeln.

**Als Ex-Großwildjäger braucht der Rhodesian Ridgeback abwechslungsreiche, interessante Aufgaben.**

Der Haarstrich auf dem Rücken dieser Rasse gab ihr ihren Namen.

Der Rhodesian Ridgeback ist ein unerschrockener Hund.

Der namensgebende Schnauzbart zeigt sich bei den Welpen.

# 35. Riesenschnauzer

Max. Größe: 70 cm
Max. Gewicht: 47 kg
Herkunft: Deutschland
Lebenserwartung: 12–15 Jahre

## Herkunft

Der Riesenschnauzer trieb ursprünglich die Herden zu den Märkten. Doch schon bald bemerkte man die hervorragende Kombination seiner Eigenschaften und erkannte ihn als Gebrauchshund an. Heute ist er ein beliebter Diensthund bei Zoll, Polizei, Armee und im Rettungshundewesen, aber auch ein gefragter Familienhund.

Bei uns dürfen Schnauzer nicht mehr kupiert werden, sie tragen Hängeohren und eine lange Rute.

## Charakter

Der Riesenschnauzer ist ein selbstbewusster, überaus kräftiger, aber auch gelassener, ausgeglichener Hund. Er ist intelligent, schnell und ausdauernd, robust und über die Maßen belastbar. Sein Temperament kann manchmal überschäumen, doch weiß der Riesenschnauzer es gut zu kontrollieren und zeigt sich schnell wieder besonnen und ruhig. Seine Familie begleitet er treu und beschürzend. Anderen Hunden begegnet er souverän und selbstsicher, fremde Menschen ignoriert er, solange sie nicht das Territorium seiner Menschen betreten.

## Haltung

Dank der hohen Intelligenz und schnellen Auffassungsgabe ist der Riesenschnauzer gut zu erziehen, doch sein Halter muss ihm körperlich gewachsen sein und neben unbedingter Konsequenz auch viel Geduld mitbringen, denn die großen Beschützer sind Spätentwickler und erst mit zwei bis drei Jahren wirklich erwachsen. Riesenschnauzer sind keine Jäger, aber sie wollen arbeiten und müssen deshalb sinnvoll körperlich und geistig ausgelastet werden. Sie sind ausdauernde Läufer, die gern neben Rad und Reiter laufen, Jogger und Wanderer begleiten, aber auch lange in mäßigem Tempo spazieren gehen. Er eignet sich vor allem für die Vielseitigkeitssportarten wie Fährtensuche, Mantrailing oder Rettungshundedienst. Das Fell muss zweimal jährlich getrimmt werden. Weil der Riesenschnauzer viel Unterwolle hat, muss er normalerweise einmal pro Woche, im Fellwechsel aber täglich gründlich gebürstet werden.

Ein Schnauzerwelpe muss gut sozialisiert, also auf seine Umwelt und den späteren Alltag vorbereitet werden.

# 36. Rottweiler

Max. Größe: 68 cm
Max. Gewicht: 50 kg
Herkunft: Deutschland
Lebenserwartung: 9–10 Jahre

## Herkunft

Vermutlich mischten sich die mit römischen Händlern ziehenden Wach-, Hirten- und Treibhunde mit den Bauernhunden rund um Rottweil. Die Menschen dort fanden Gefallen an diesen kraftstrotzenden Hunden, nutzten sie als Wächter für ihre Höfe und treibende Begleiter von Großviehherden. Der zunächst Rottweiler Metzgerhund genannte, große, starke Hund wurde in ganz Deutschland populär und errang bereits 1910 den Status eines Polizeihundes. Heute wird er als Diensthund geschätzt und unterstützt Polizei, Zoll und Militär nicht nur in Deutschland.

## Charakter

Der Rottweiler ist ein wuchtiger Hund, gedrungen und auf stämmigen Beinen, dabei überraschend wendig. Das Temperament ist gemäßigt, er ist leichtführig und sich seiner Kraft durchaus bewusst. Er begegnet seiner Umwelt aufmerk-

Der Rottweiler ist ein unbestechlicher Wächter, den so schnell nichts aus der Ruhe bringt.

Rottweilerkinder sind Spätentwickler, die erst mit drei/vier Jahren geistig erwachsen sind.

sam, aber gelassen und freundlich, mit hoher Reizschwelle. Rottweiler zeichnen sich durch Unerschrockenheit und Nervenfestigkeit aus, was sie auch zu Familienhunden macht. Andere Hunde ignorieren sie meistens oder nähern sich friedlich. Fremde Menschen beobachten sie, gehen aber von sich aus nicht auf sie zu.

## Haltung

In einigen Bundesländern Deutschlands zählt die Rasse zu den Listenhunden, die nur unter Auflagen gehalten werden dürfen. Rottweiler sind starke, massive und selbstbewusste Hunde und sie brauchen deshalb genau solche Halter. Sie müssen von Anfang an klare Alltagsregeln haben und an eine sorgfältige konsequente Erziehung gewöhnt werden. Die Ernährung im ersten Lebensjahr muss genau auf das Wachstum der Muskulatur abgestimmt werden, damit diese sich nicht schneller entwickelt als das Skelett. Wie alle schweren, großen Hunde sollte auch der Rott-

weiler, bis er erwachsen ist, keine Treppen steigen, für die Stadt und eine Etagenwohnung ist er nicht geeignet. Rottweiler sind sensibel, sie suchen ständig die Nähe der Menschen, mit denen sie leben, die sie bewachen und beschützen wollen. Die Erziehung ist nicht einfach, aber Geduld und Hartnäckigkeit lohnen sich, denn was der Rottweiler einmal gelernt hat, vergisst er nicht mehr, und er gehört dann zu den Hunden, die ihren Menschen jeden Wunsch von den Augen ablesen. Die hohe Reizschwelle macht sie geduldig und freundlich auch zu Kindern, die man dennoch nicht alleine mit ihrem vierbeinigen Freund lassen sollte. Rottweiler suchen die Arbeit und wollen Aufgaben erfüllen. Zu ihrem Alltag sollten deshalb neben gemächlichen Spaziergängen auch Gehorsamsübungen und Suchspiele gehören. Sie laufen auch ausdauernd neben dem Rad oder ihrem joggenden Menschen. Die Fellpflege ist einfach, kräftiges Bürsten einmal pro Woche genügt.

# 37. Sheltie (Shetland Sheepdog)

Max. Größe: 37 cm
Max. Gewicht: 12,5 kg
Herkunft: Großbritannien
Lebenserwartung: 13–15 Jahre

## Herkunft

Der Sheltie stammt von den Shetland-Inseln, wo er die – wie er – kleinwüchsigen Schafe hütete. Um seine Hütehundeigenschaften zu optimieren, kreuzte man Collies in die Rasse ein, was ihm bis heute eine große Ähnlichkeit mit seinem großen Artgenossen verleiht. Doch der Shetland Sheepdog ist eine eigenständige Rasse, kein Mini-Collie. Schon Anfang des 20. Jahrhunderts erkannte man in Europa die Eignung zum Familienbegleiter, und als Familienhund trat er auch seinen Siegeszug an. Heute gibt es noch vereinzelt Schäfer, die mit ihm arbeiten, doch das Gros der Shelties lebt in Familien.

## Charakter

Der Sheltie ist ein sprühend fröhlicher, aktiver, liebenswürdiger Hund, voller Lerneifer, wachsam, aber sanft, intelligent und arbeitsfreudig. Seine Hütelust überträgt er heute auch auf seine Menschen. Shelties sind ausdauernd und robust und freundlich gegenüber anderen Hunden wie auch fremden Menschen. Der eigenen Familie schließen sie sich eng an und wollen am liebsten überall dabei sein.

## Haltung

Der kleine Hütehund ist ein Gute-Laune-Hund in der Familie, er lernt leicht und schnell und zeigt auch eifrig seine Fähigkeiten. Im Haus ist er ruhig, aber aufmerksam und meldet, wenn sich Ungewöhnliches tut. Draußen macht er alles mit: Er ist ein hervorragender Jogger-Begleiter, läuft neben dem Rad, freut sich über ausgedehnte Wandertouren und macht auch im Hundesport eine gute Figur. In ihrer Größenklasse sind die Shelties häufig Agility-Champions, sie sind im Rettungshundewesen gern gesehen, weil sie wegen ihrer geringen Größe und dem Leichtgewicht auch in der Trümmersuche eingesetzt werden können. Ball- und Frisbeespiele gehören ebenfalls zu Favoritenspielen des kleinen schottischen Hütehundes. Die Fellpflege allerdings ist aufwendig: Die dichte lange Haarpracht will gebändigt werden und braucht die tägliche Bürste. Weil der Shetland Sheepdog auch dichte Unterwolle hat, muss während des Fellwechsels sogar zweimal täglich gebürstet werden.

Stundenlanges Laufen finden die Shetland Sheepdogs prima.

Shelties sind keine Mini-Collies, sondern eine eigene Hütehunderasse mit viel Elan.

Auch in Ruheposition bleibt der Sheltie immer aufmerksam.

# 38. Spitz

**Max. Größe:** 55 cm (Wolfsspitz), 50 cm (Groß-spitz), 38 cm (Mittelspitz), 29 cm (Kleinspitz), 22 cm (Zwergspitz/Pomeranian)
**Max. Gewicht:** 25 kg (Wolfsspitz), 20 kg (Groß-spitz), 10 kg (Mittelspitz), 5 kg (Kleinspitz), 3,5 kg (Zwergspitz)
**Herkunft:** Deutschland
**Lebenserwartung:** 13–15 Jahre

## Herkunft

Die deutschen Spitze stammen vom Torfhund, dem Pfahlbauspitz, ab und sind die älteste Hunderasse Mitteleuropas. Schon die Torfhunde be-wachten Behausung und Hab und Gut ihrer Menschen. Die Rassen wurden weiterentwickelt und zeigen heute vier Größen. Ihrer ursprünglichen Aufgabe, Heim und Besitz ihrer Menschen zu bewachen, gehen leider nur noch wenige Spitze nach, der Mittelspitz stand sogar vor wenigen Jahren noch vor dem Aussterben. Inzwischen hat sich der Bestand dieses Prototyps der Spitze erholt. In Holland heißt der Wolfsspitz auch Keeshond, in vielen Ländern wird der Zwergspitz Pomeranian genannt.

## Charakter

Alle Spitze sind wachsam und immer höchst aufmerksam. Sie hängen mit ungewöhnlicher Liebe

In allen Größen und Farbschlägen sind Spitze ideale Haus- und Hofwächter.

Wer einen Hund sucht, der nicht täglich Marathon laufen will, findet im Spitz den richtigen Partner.

an den Ihren und auch an ihrem Heim. Sie sind lebhafte, sehr intelligente Hunde, die schnell und nachhaltig lernen und ihre guten Eigenschaften auch von sich aus zeigen. Das Doppelfell macht sie wetterunempfindlich und robust. Sie gehören zu den langlebigsten Rassen. Anderen Hunden gegenüber sind sie eher gleichgültig, fremden Menschen begegnen sie misstrauisch.

## Haltung

Weil der Spitz keinen Jagdtrieb besitzt, ist er auch ein guter Einsteigerhund. Er ist reviertreu, streunt nicht und wacht instinktiv. Je nach Größe kann er in der Stadtwohnung gehalten werden, aber auch auf einem großen Gehöft. Spitze lieben ihre Menschen und sollten deshalb engen Familienanschluss bekommen. Die Erziehung ist problemlos: In kürzester Zeit lernen sie, was sie sollen, auch bei mit Hunden unerfahrenen Menschen. Natürlich begleitet der Spitz die Seinen auf Wan-

derungen und Touren, aber er ist kein Sprinter und läuft lieber wacker im Trab als voll loszuspurten. Ausnahmen sind die Klein- und Zwergspitze, die auch im Hundesport alles geben und oft genug auf dem Siegerpodest stehen. Alle Spitze lernen schnell jede Menge Tricks und sind daher auch häufig als Behindertenbegleithunde zu finden. Weil sie nicht unbedingt stundenlangen Auslauf brauchen und sich sehr gut im Haus beschäftigen lassen, können auch ältere oder nicht so mobile Menschen mit ihnen glücklich werden. In den USA sind gerade geschorene Zwergspitze hoch in Mode, die wie vorher die Chihuahuas in Taschen herumgetragen werden. Damit wird man diesem pfiffigen aktiven Hund nicht gerecht. Das Fell ist, wenn es nicht geschoren wird, sehr dicht, aber nicht sehr pflegeaufwendig; die dicke Unterwolle und das lange Deckhaar müssen zwei- bis dreimal pro Woche, während des Fellwechsels täglich gebürstet werden.

# 39. Tibet Terrier

Max. Größe: 41 cm
Max. Gewicht: 15 kg
Herkunft: Tibet
Lebenserwartung:15–17 Jahre

## Herkunft

Anders als sein Name vermuten lässt, ist der Tibet Terrier kein Terrier, sondern ein Hütehund, der in seiner Heimat Tibet Apso (Tibet-Langhaar) genannt wird. Er gehört zu den ursprünglichen asiatischen Hunderassen, die mit ihren Menschen zogen, Schafe und Ziegen hüteten und den Besitz ihrer Menschen sowie deren Heim bewachten. Dass er überhaupt zunächst in Europa und dann in der restlichen Welt bekannt wurde, verdankt er einer Ärztin, die in Indien eine Tibeterin erfolgreich operierte und einen Tibet Terrier als Geschenk erhielt. Mit dieser Hündin begann die Zucht in England, von wo aus sich die Rasse über den Kontinent und schließlich auch in die USA verbreitete. Der Tibet Terrier begleitet auch heute noch Tibeter-Stämme und hütet deren Herden. Aber er ist in Asien und auf den anderen Kontinenten auch ein beliebter Familienhund.

## Charakter

Tibet Terrier sind lustige, lebhafte und freundliche Hunde mit enormem Charme, aber auch einem eigenen Kopf, den sie oft und gern durch-

Schon die Jungtiere wickeln ihre Menschen locker um die Pfote.

Das Fell ist pflegeintensiv und braucht täglich die Bürste.

Tibet Terrier sind lebhaft und immer gut drauf, sie verbreiten überall schnell gute Laune.

setzen. Sie schließen sich freiwillig an ihre Familie an, bleiben aber eigenständig. Dabei sind sie oft sehr ruhig und überlegt, dann wieder voller Energie und temperamentvoller Lebensfreude. Tibet Terrier haben eine Besonderheit: Ihre Krallen sind sehr beweglich, dadurch klettern sie gern und gut und bewegen sich schnell und sicher in hügeligem Gelände. Die Hunde sind absolut wetterfest, vertragen Hitze genauso gut wie Kälte, dank des doppelten Haarkleides. Anderen Hunden begegnen sie würdevoll und eher gleichgültig, fremden Menschen gegenüber zeigen sie sich reserviert.

## Haltung

Sie sind deshalb nicht unbedingt Anfängerhunde, denn sie drücken bei einer Erziehung mit zu leichter Hand ihren Willen durch und verweigern sich harten Erziehungsmaßnahmen durch Rückzug oder Sturheit. Die Erziehung, die von Anfang an sehr konsequent, geduldig und mit viel Ruhe stattfinden sollte, ist nicht einfach und erfordert Zeit. Um sich in die Familie zu integrieren, muss der Tibet Terrier eine enge Bindung aufbauen, die er nur durch ständiges Zusammenleben mit seinen Menschen erreicht. Wird er zu viel allein gelassen, entscheidet er selbst über seine Aktionen. Doch wenn der kleine Hütehund seine Menschen voll akzeptiert hat und sie auch seine Eigenarten zu schätzen wissen, ist er ein ungemein treuer, anhänglicher Hund, der für jeden Spaß zu haben ist. Tibet Terrier sind Sportskanonen, die Hundesport ausgezeichnet mitmachen, sie sind flinke Läufer neben dem Jogger oder Radfahrer. Zu Hause sind sie ruhig und knacken mit Begeisterung knifflige Intelligenzspiele. Das Fell ist pflegeintensiv, und der Hund muss von klein auf daran gewöhnt werden, täglich gebürstet zu werden. Vor allem während des Fellwechsels verfilzen die Haare sonst so stark, dass der Hund geschoren werden muss.

# 40. Welsh Terrier

Max. Größe: 39 cm
Max. Gewicht: 9,5 kg
Herkunft: Großbritannien
Lebenserwartung: 12–15 Jahre

## Herkunft

Auch wenn er wie das kleine Abbild des Airedale Terrier aussieht, ist der Welsh eine eigenständige Rasse, deren Vorfahren schon im Mittelalter im britischen Wales (daher der Name) als Jagdhunde gehalten wurden. Damals wurde nur auf Leistung, nicht auf Aussehen gezüchtet. Erst in den letzten beiden Jahrhunderten hat der Welsh Terrier sein heutiges Aussehen entwickelt. Er ist nicht nur in seiner Heimat, sondern in ganz Europa als Familienhund beliebt und auch bei uns nicht selten zu sehen.

## Charakter

Der Welsh Terrier ist ein fröhlicher, entschlossener, mutiger Hund mit dem typischen Terrier-Dickkopf. Er durchkämmt leichtfüßig jedes Gelände, ist ausdauernd und robust, dabei anhänglich und treu. Auf andere Hunde geht er nicht unbedingt zu, aber er ist kein Provokateur. Fremden Menschen begegnet er gleichgültig bis reserviert. Seine Jagdpassion ist nicht über die Maßen ausgeprägt, doch findet er immer noch jeden Bau einladend, fängt geschickt Mäuse und buddelt mit Leidenschaft.

Welsh Terrier sind entschlossene Hunde, die ihren Dickkopf durchsetzen, wenn sie können.

Wenn er einen Menschen akzeptiert hat, erweist sich der Welsh als treuer, loyaler Partner.

## Haltung

Trotz des eigenständigen Wesens ist die Erziehung des Welsh Terrier nicht sehr schwierig und stellt auch den Anfänger nicht vor allzu große Herausforderungen. Der kleine quadratische Terrier ist intelligent und begreift schnell. Was er gelernt hat, führt er mit Entschlossenheit aus und quittiert jedes Lob mit doppeltem Eifer. Der Welsh gehört nicht zu den Spitzensportlern auf dem Hundeplatz, aber er macht Agility, Fährte und andere Sportarten mit, wenn seine Menschen ihn dazu motivieren. Lieber sind ihm ausgedehnte Spaziergänge durch die Natur, wo er seinen Entdeckerdrang befriedigenn.

Weil er stark an seiner Familie hängt, lässt er sich gut abrufen, sollte er sich doch einmal etwas weiter entfernen. Die Fellpflege ist relativ aufwendig: Zwei- bis dreimal pro Woche sollte der Terrier, der nicht haart, gebürstet, zwei- bis dreimal pro Jahr getrimmt werden.

Seine prägnanten Fellfarben zeigt der Welsh erst, wenn das Jugendfell ersetzt wird.

Schon mit acht bis zehn Wochen beginnen die Westies mit der Eroberung ihrer Welt voller Mut und Energie.

## 41. West Highland White Terrier

**Max. Größe:** 28 cm
**Max. Gewicht:** 10 kg
**Ursprung:** Großbritannien
**Lebenserwartung:** 13 Jahre

### Herkunft

Wie seine nahen Verwandten Cairn, Scottish und Skye Terrier stammt auch der Westie von den alten schottischen Jagdterriern des 18. und 19. Jahrhunderts ab, die sich bei der Jagd auf Fuchs, Dachs und Otter bewährten. Die weiße Fellfarbe verdankt er einigen Fehlschüssen, bei denen die erdfarbenen Terrier ihren eigenen Besitzern zum Opfer fielen.

### Charakter

Der Westie ist charmant, fröhlich, mutig, wachsam und sehr selbstbewusst. Er hat immer noch Jagdpassion und buddelt mit Begeisterung. Wie alle Erdhunde neigt er dazu, selbst zu entscheiden, und entwickelt eine erstaunliche Hartnäckigkeit, wenn ihm Sachen angetragen werden, die er nicht ausführen will. Die Stimmung des West Highland White Terrier trägt dieser deutlich zur Schau. Ist er gut gelaunt, trägt er die Rute stolz senkrecht erhoben, bei schlechter Stimmung hängt sie herunter. Gegenüber anderen Hunden ist er meistens friedlich, lässt sich allerdings nicht unterbuttern. Menschen gegenüber sind die kleinen weißen Terrier freundlich.

### Haltung

Der West Highland Terrier fühlt sich auch in Etagenwohnungen wohl, wenn er als Ausgleich genügend Bewegung bekommt. Er braucht von Anfang an eine konsequente Erziehung, die Hunde-Anfänger am besten in einer Schule oder mit einem Trainer absolvieren. Denn die Jagdfreude des Terriers lässt sich nur mit Geduld und Hartnäckigkeit kontrollieren und sein Dickkopf will geschickt überzeugt werden. Der Westie ist durchaus auch in einer Etagenwohnung zu halten, wenn ihm genügend Bewegungsmöglichkeiten angeboten werden. In der Familie ist er ein liebenswürdiger, pfiffiger, ausdauernder Begleiter, der sich dem Alltag gern anpasst und die einmal aufgestellten Regeln auch selbstverständlich einhält. Westies sind bewegungsfreudig, brauchen aber keine kilometerweiten Sprinterstrecken. Spaziergänge in abwechslungsreichem Gelände, das ihre Sinne beansprucht, genügen. Im Hundesport hindert sie manchmal ihr Dickkopf an Glanzleistungen, vor allem, wenn vieles zu oft wiederholt wird, verlieren sie die Lust an der Arbeit. Tricks dagegen lernen die klugen Hunde schnell und führen sie auch selbstbewusst aus. Das Doppelfell verlangt tägliches Bürsten. Damit der Westie seinen typischen Look behält, sollte das Fell alle sechs Wochen getrimmt werden.

Der Westie hat einen eisernen Willen, dem muss der Halter mit Konsequenz begegnen.

Wenn die Highland-Terrier genügend Bewegung draußen bekommen, sind sie auch mit einer Stadtwohnung zufrieden.

# 42. Whippet

Max. Größe: 51 cm
Max. Gewicht: 13,5 kg
Herkunft: Großbritannien
Lebenserwartung: 13–15 Jahre

## Herkunft

Die Vorfahren dieses „Windhundes des kleinen Mannes", wie er lange genannt wurde, waren vermutlich die Snap Dogs und Rag Hounds, kleine wendige Hunde, die für ihre Menschen „wilderten", das Haus und die Ställe mäuse- und rattenfrei hielten und sich bei Wettrennen ihr täglich Brot verdienten. Möglicherweise steckt Terrierblut in diesem Windhund, der bis heute bei Windhunderennen eingesetzt wird, aber auch als Familienhund in den USA und in Europa eine große Karriere macht.

## Charakter

In der Brust jedes Whippet wohnen zwei Seelen: Da ist einmal der blitzschnelle, wendige Hetzhund, dem im Gelände keine Bewegung entgeht und der gnadenlos allem, was flieht, hinterherjagt. Verletzungen dabei nimmt er gar nicht wahr und beweist immer wieder seine Robustheit. Whippets finden ihre Beute mit den scharfen Augen, aber auch mit der Nase und dem Gehör. Zum anderen ist da der zärtliche Meutehund, der sich liebend gern an seinesgleichen kuschelt, Kälte und Nässe hasst und gern in erhöhter Lage

**In vollem Lauf erreichen Whippets mehr als 55 Stundenkilometer.**

schläft. Wenn es sein muss, 23 Stunden. Anderen Hunden und Menschen gegenüber sind Whippets freundlich.

## Haltung

Wegen seiner mittleren Größe, der Sauberkeit, dem ungeheuer anhänglichen, zärtlichen Wesen, der Sensibilität und dem Schmusebedürfnis passt der Whippet auch in eine Stadtwohnung, wenn ihm sein Grundbedürfnis, das Rennen, gewährt wird. Die Erziehung erfordert viel Fingerspitzengefühl, denn mit Strenge erreicht man nichts außer einem eingeschüchterten, nervösen Hund. Das Hetzen ist dem Whippet angeboren, aber es lässt sich kontrollieren. Anders als die meisten Windhunde kommt der gut erzogene und viel bewegte Whippet auf Ruf zurück. In Familienhand und ohne Rennbahn kann er, gute Erziehung vorausgesetzt, auch ohne Leine frei laufen. Wer mit dem Whippet auf die Rennbahn oder zum Coursing (Rennen in Naturgelände) geht, befriedigt dort seinen Hetztrieb. Dann allerdings ist sonstiges Laufen ohne Leine riskant. Whippets brauchen keine stundenlangen Spaziergänge, sie rennen gern und schnell, aber nicht ausdauernd. Alle schnellen Sportarten wie Agility oder Frisbee machen sie begeistert mit. Alleine zu bleiben hassen diese Hunde, sie wollen ständig ihre Familie um sich haben. Im Haus sind sie ruhig, wärmeliebend und verschmust. Sie kuscheln sich gern auf der Couch oder im Bett eng an ihre Menschen. Whippets sind wegen ihrer Geselligkeit auch gute Zweithunde, die dann mit ihresgleichen um die Wette rennen. Das Fell pflegen sie selbst, es riecht nicht und sie putzen es gründlich, fast katzenartig. Whippets melden nicht und bellen auch sonst kaum. Nur bei einer Hetzjagd geben sie Laut. Regen, Pfützen und Schwimmen stehen nicht auf ihrer Wunschliste, sie frieren leicht und sollten im Winter Schutzkleidung tragen.

Der seelenvolle Blick trügt: Whippets sind gnadenlose Jäger.

Der englische Hetzhund „jagt" mit den Augen, ihnen entgeht nichts.

# 43. Yorkshire Terrier

Max. Größe: 20 cm
Max. Gewicht: 3,2 kg
Ursprung: Großbritannien
Lebenserwartung: um 14 Jahre

## Herkunft

Die Vorfahren des Yorkshire Terrier waren Rattenfänger, größer in der Statur als der moderne Yorkie und meist im Besitz armer Bauern, die sie als Ratten- und Ungezieferbekämpfer hielten. Mit der Industrialisierung in England wanderten viele Arme in die Städte, wo sie als Weber Arbeit in den Textilfabriken suchten. Mit ihnen kam auch der ursprüngliche Yorkshire Terrier in die Stadt und entwickelte sich durch Einkreuzung von schottischen Terriern und Maltesern zu einem kleinen Hund mit Stehohren. Der Teacup Yorkie, der kaum noch ein Gewicht von

**Auch ein Zwerg wie er braucht konsequente Erziehung.**

**Trotz des langen seidigen Fells können Yorkies stürmisch ihre Runden drehen.**

2 Kilogramm erreicht, ist eine Modeerscheinung mit allen negativen gesundheitlichen Folgen der Verzwergung.

## Charakter

Der Yorkshire Terrier ist ein ganzer Hund, energiegeladen, mutig, wachsam und ausdauernd. Er kann immer noch Mäusen den Garaus machen und geschickt durchs Unterholz toben, wenn man ihn lässt. Seine Jagdpassion beschränkt sich auf Kleinsttiere. Das enorme Selbstbewusstsein bringt den Kleinen manchmal in Schwierigkeiten, weil er sich bei Begegnungen mit anderen Hunden überschätzt. Er muss deshalb frühzeitig an den richtigen Umgang mit größeren, stärkeren Hunden gewöhnt werden. Fremden Menschen gegenüber zeigt der Yorkie erhabene Würde oder Ignoranz. An seiner eigenen Familie dagegen hängt er mit unverbrüchlicher Liebe.

## Haltung

Schon aufgrund der geringen Größe kann der Yorkshire Terrier in einer Etagenwohnung in der Stadt leben. Doch als Kuschelhund wird er unglücklich. Er braucht den freien Lauf, das Toben in der Natur, um seine Energie zu entladen. Er sollte auch erzogen werden, was nicht schwer ist, denn der Kleine ist intelligent und begreift schnell, was von ihm erwartet wird. Er lernt auch Tricks und freut sich über Beifall, wenn er sie korrekt ausführt. Für den Hundesport ist der Wirbelwind ebenfalls zu haben. Weil er sehr wachsam ist, sollte der Halter ihm Sicherheit geben, damit er nicht ständig meldet. Das seidige Fell ist pflegeintensiv und sollte täglich gekämmt und gebürstet werden, damit es nicht verfilzt. Die Haare über den Augen können, wenn der Yorkie nicht auf Shows oder zur Zucht ausgestellt wird, geschnitten werden. Yorkshire Terrier haben keine Unterwolle und sollten im Winter Schutzkleidung tragen.

Yorkshire Terrier überschätzen sich oft, sie sollten deshalb schon als Jungtiere andere Hunderassen kennen lernen.

# 44. Zwergpinscher

Max. Größe: 30 cm
Max. Gewicht: 6 kg
Ursprung: Deutschland
Lebenserwartung: 14–15 Jahre

## Herkunft

Auch wenn der Zwergpinscher wie die verkleinerte Form des Dobermann aussieht, ist er mit diesem nicht eng verwandt. Er stammt vermutlich von den Torfhunden ab und wurde bis ins 19. Jahrhundert rau- oder glatthaarig auf Bauernhöfen als Ratten- und Mäusevertilger gehalten. Ursprünglich waren Rute und Ohren kupiert. Die rauhaarigen Zwergpinscher sind die heutigen Zwergschnauzer.

## Charakter

Der Zwergpinscher ist lebhaft, temperamentvoll, selbstsicher und ausgeglichen. Er kann immer noch verbissen mit Mäusen kämpfen und meldet wachsam alles Ungewöhnliche. Weil er sich bei Begegnungen mit anderen Hunden oft überschätzt und mit Löwenmut sich ihnen in den Weg stellt, muss er frühzeitig den richtigen Umgang mit größeren und stärkeren Hunden lernen. Seine eigenen Menschen will der

Wie seine großen Brüder Dobermann und Deutscher Pinscher glänzt der Zwergpinscher mit muskulösem Körperbau unter seidig glänzendem Fell.

Zwergpinscher gibt es in Rot und in Schwarz mit roten Abzeichen.

kleine Pinscher genauso bewachen und beschützen wie sein Zuhause. Fremden Menschen gegenüber verhalten sich die kleinen Hunde reserviert bis misstrauisch.

## Haltung

Zwergpinscher haben einen hohen Bewegungstrieb, sie brauchen den freien Lauf draußen. Dann sind sie mit dem Leben in einer kleinen Stadtwohnung durchaus zufrieden. Nachlässige Erziehung ahnden sie mit ständigem Verbellen von allem, was sie stört, und mit dickköpfiger Verweigerung. Sie sollten deshalb, obwohl sie so klein sind, konsequent und geduldig erzogen werden.

Für hundeunerfahrene Menschen ist das nicht immer leicht, weshalb der Zwergpinscher mit einem Trainer oder in einer guten Hundeschule lernen sollte. Die kleinen Pinscher sind hochintelligent und arbeitsfreudig. Sie lernen spielend Tricks, zeigen auf dem Hundeplatz im Sport, was sie können, und wandern ausdauernd mit ihren Menschen, auch im Jogger-Tempo. Ihre Menschen bedeuten den Pinschern alles, sie sind am liebsten überall nah dabei und immer bereit einzugreifen, wenn Ihren Nächsten Gefahr droht.

Satz: BUCHFLINK Rüdiger Wagner, Nördlingen
Layout: Karin Vollmer, München
Repro: Cromika, Verona
Herstellung: Anna Katavic
Printed in Slovenia by Korotan

Bildnachweis: Alle Fotos von Thomas Brodmann; mit Ausnahme: S. 2 (o.), 17 (u.), 20, 21, 22 (o. l., u.), 23, 28 (u.), 29 (o. r.), 38, 39, 46, 47 (u.), 50 (o.), 56 (l.), 60, 61 (o., u. l.), 64, 65, 72, 73 (u.), 94 panthermedia; S. 14 (u.), 47 (u.), 57 (o.), 73 (o.), 86, 87, 95 Fotolia; S 22 (o. r.) Fotolia/kapritzka; S. 41 (o.) Fotolia/pfotastisch

Genehmigte Sonderausgabe
© 2014 Ein Herz für Tiere Media GmbH
in Zusammenarbeit mit Bruckmann Verlag GmbH, München

ISBN 978-3-7654-8380-6